GIANTS OF SCIENCE • GIGANTES DE LA CIENCIA

THE WRIGHT BROTHERS
LOS HERMANOS WRIGHT

The Birth of Flight

El comienzo de la aviación

BLACKBIRCH PRESS

An imprint of Thomson Gale, a part of The Thomson Corporation

THOMSON

GALE

Detroit • New York • San Francisco • San Diego • New Haven, Conn. • Waterville, Maine • London • Munich

© 2005 Thomson Gale, a part of The Thomson Corporation.™

Thomson and Star Logo are trademarks and Gale and Blackbirch Press are registered trademarks used herein under license.

For more information, contact
The Gale Group, Inc.
27500 Drake Rd.
Farmington Hills, MI 48331-3535
Or you can visit our Internet site at http://www.gale.com

Photo credits: Cover: Wright State University Library. Austin Brown/Aviation Picture Library 23, 47; The Bettmann Archive: 5, 6, 33, 43; The Bridgeman Art Library: 54-55; Mary Evans Picture Library: 4, 8, 13, 27, 50-51, 56-57; Exley Publications Photo Library: 17 (Nick Birch); Henry Ford Museum: 28, 38 (top); Library of Congress: 30, 35, 36, 37; NHPA: 31 (Manfred Daneggar), 42 (Stephen Dalton); Popperfoto: 31; Ann Ronan Picture Library: 11, 19-21; The Royal Aeronautical Society; 48 (far right); The Science Museum; 10; The Science Photo Library: 38 (Dale Boyer/NASA); The Smithsonian Institution: 48 (near right); Townley Hall Art Gallery and Museum: 14; Zeta: 58.

Acknowledgements: Extracts from *The Conquest of the Air* by C.L.M. Brown, OUP, 1927, reprinted with permission of Oxford University Press.

Extracts from *Interpretive History of Flight* by M.J.B. Davy, reprinted with permission of the Science Museum.

Extracts from *The Papers of Wilbur and Orville Wright,* ed. Marvin W. McFarland, McGraw-Hill, 1953.

Extracts from *The Wright Brothers: Heirs of Prometheus,* ed. R. Hallion, published by the National Aeronautical & Space Center (originally published in Flying and the Aero Club of America Bulletin, 1913).

Extracts from *Airborne at Kitty Hawk* by Michael Harrington, reprinted with permission of MacMillan Publishing Company (originally published by Cassell & Co. Ltd, London, 1953).

Extracts from *The Wright Brothers* by Fred C. Kelly, reprinted with permission of Harrap Publishing Group Ltd and Harcourt, Brace Jovanovcich Inc.

LIBRARY OF CONGRESS CATALOGING-IN-PUBLICATION DATA

Sproule, Anna.
    The Wright brothers / by Anna Sproule.
       p. cm. — (Giants of science bilingual)
    Includes bibliographical references and index.
    ISBN 1-4103-0501-5 (hard cover : alk. paper)
    1. Wright, Wilbur, 1867–1912—Juvenile literature. 2. Wright, Orville, 1871–1948—Juvenile literature. 3. Aeronautics—United States—Biography—Juvenile literature. 4. Aeronautics—United States—History—Juvenile literature. I. Title. II. Series.

    TL540.W7S62 2005
    629.13'0092'273—dc22

                                                                    2004026923

Printed in China
10 9 8 7 6 5 4 3 2 1

CONTENTS

CONTENIDO

This aircraft was flown by Wilbur Wright in France in 1908. Wilbur and his brother Orville had built the first successful airplane five years earlier.

Le Petit Journal

Le Petit Journal
CHAQUE JOUR — 6 PAGES — 5 CENTIMES

5 CENTIMES SUPPLÉMENT ILLUSTRÉ 5 CENTIMES

ABONNEMENTS

Le Petit Journal agricole, 5 cent. ~~ La Mode du Petit Journal, 10 cent.
Le Petit Journal illustré de la Jeunesse, 10 cent.

Administration : 61, rue Lafayette

Les manuscrits ne sont pas rendus

On s'abonne sans frais dans tous les bureaux de poste

	SIX MOIS	UN AN
SEINE et SEINE-ET-OISE	2 fr.	3 fr. 50
DÉPARTEMENTS	2 fr.	4 fr. »
ÉTRANGER	2 50	5 fr. »

Dix-neuvième Année   DIMANCHE 30 AOUT 1908   Numéro 928

WILBUR WRIGHT

L'AEROPLANE DE WILBUR WRIGHT EN PLEIN VOL.

Wilbur Wright voló esta aeronave en Francia en 1908. Cinco años antes, Wilbur y su hermano Orville habían construido el primer aeroplano operante.

Flight of Fancy

From the doorway of their hut, the two brothers watched as the wind roared out of the north and across the sand. In their shed close by the hut, their flying machine waited. It trembled in the wind. The flying machine had already lived through one crash—and that was on a gentle day. Today, the wind was roaring over the North Carolina coast with powerful force.

One of the men watched the twirling sand. "We won't have to climb the hill. We can launch it from here," he said.

The other man nodded. To get up enough speed for the first launch, they had started the machine on a sand dune. The machine had run downhill, taken off, and then stopped.

Today, though, the wind would do the work. It would fling the machine up like a kite. Then the wind would thrust the machine forward. The machine was ready to challenge gravity and fly.

The two men had designed every part of their flying machine themselves. They had performed experiments. They had studied

Vuelo de la imaginación

Desde la entrada de su cabaña, los dos hermanos observaron como el viento rugía del norte y a través de la arena. En su cobertizo cercano a la cabaña, esperaba su máquina voladora. Se sacudía con el viento. La máquina voladora ya había sobrevivido un accidente—esto pasó en un día tranquilo. Hoy el viento rugía sobre la costa de Carolina del Norte con una fuerza poderosa.

Uno de los hombres observó la arena arremolinada. "No necesitaremos subir la colina. Podemos lanzarla desde aquí," dijo.

El otro hombre asintió. Para tener suficiente velocidad para el primer lanzamiento, habían arrancado la máquina en una duna de arena. La máquina había rodado cuesta abajo, despegado, y después parado.

Hoy, sin embargo, el viento haría el trabajo. Lanzaría la máquina hacia arriba como una cometa. Y entonces el viento empujaría la máquina hacia adelante. La máquina estaba lista para desafiar la gravedad y volar.

Los dos hombres habían diseñado cada parte de su máquina voladora ellos mismos. Habían realizado ex-

Wilbur Wright

Orville Wright

what they had found. Then they had tested their findings. Now, they had one more experiment to do.

Go On, Orville

On that gusty day, the Wrights got ready to fly. They checked the wind again. Then, they called the lifeguards from their base a mile away across the sand. The lifeguards were ready and willing to help.

Next, the builders got their machine out of the shed and checked it over. Everything on the machine seemed to be ready. The propellers moved easily. So did the other parts of the machine. The runners on the machine, which were like a sled's runners, showed no sign of the accident that had happened a few days earlier.

The Wrights moved their flying machine to the launching rail. They anchored it to the rail with a length of wire. To keep the machine steady, Wilbur shoved a prop under the right-hand wing. Orville set up his camera. The lifeguards hurried to the scene. They were excited by what they were about to see.

perimentos. Habían estudiado y luego probado sus hallazgos. Ahora, tenían que hacer un experimento más.

Adelante, Orville

En ese día ventoso, los hermanos Wright se prepararon para el vuelo. Observaron el viento una vez más. Luego comunicaron por señales a los salvavidas para que vinieran de su base a una milla de distancia a través de la arena. Los salvavidas estaban listos y dispuestos a ayudar.

Después, los constructores sacaron su máquina del cobertizo y la revisaron. Todo en la máquina parecía estar listo. Las hélices se movían fácilmente, así como las otras partes de la máquina. Los patines de la máquina, parecidos a los de un trineo, no mostraban señal del accidente que había sucedido unos días antes.

Los hermanos Wright movieron su máquina voladora hacia el carril de lanzamiento. La anclaron al carril con un trozo de cable. Para mantener estable la máquina, Wilbur colocó un soporte debajo del ala derecha. Orville preparó su cámara. Los salvavidas se apresuraron al lugar. Estaban emocionados por lo que es-

The lifeguards watched carefully as the two brothers started the engine. It ran with a steady throb, warming up for the moment when it would take off into the air.

"Go on, Orville," Wilbur said. "I've had my turn. It's yours now." Carefully, Orville eased himself into the machine and stretched out flat on the lower wing. The wind blew straight into his eyes.

Then, Orville checked the controls one more time. Wilbur stood at the right-hand wing waiting to steady the machine as it moved down the rail.

Then, it was time to go. Orville reached out and released the anchor.

In Free Flight

Orville was moving the machine at a walking pace. From the corner of his eye, he could see his brother jogging, and then running alongside the aircraft. Then suddenly he was not there. Orville was in the air.

But the machine was going too high. Orville tried to slow down the machine. Instantly, he

taban a punto de presenciar.

Los salvavidas observaron con mucha atención cuando los dos hermanos arrancaron el motor. Éste funcionaba con una vibración regular, calentándose para el momento de elevarse en el aire.

"Adelante, Orville," dijo Wilbur. "Ya tuve mi turno, ahora es el tuyo." Cuidadosamente, Orville se acomodó dentro de la máquina y se tendió estirado sobre el ala inferior. El viento le daba directo en los ojos.

Luego, Orville revisó los controles una vez más. Wilbur se mantuvo en el ala derecha esperando para estabilizar la máquina mientras ésta se movía por el carril.

Por fin, llegó el momento de partir. Orville alargó la mano y soltó el ancla.

En vuelo libre

Orville estaba moviendo la máquina a paso normal. Con el rabillo del ojo, pudo ver a su hermano trotando, y luego corriendo, al lado de la aeronave. De pronto, su hermano ya no estaba ahí. Orville estaba en el aire.

Pero la máquina subía demasiado. Orville trató de reducir velocidad. Instantáneamente, se encontró yendo hacia el suelo, que estaba

66 Wilbur and Orville Wright succeeded . . . in doing what others were mainly thinking and talking about. 99

—M.J.B. Davy, from *Interpretive History of Flight*

66 Wilbur y Orville Wright lograron . . . hacer algo sobre lo que otros estaban principalmente sólo pensando y hablando. 99

—M.J.B. Davy, en *Historia interpretativa de la aeronáutica*

Right: In the 1780s, the Montgolfier brothers of France sent up a sheep, a rooster, and a duck in a hot-air balloon. The Montgolfiers wanted to test the effect of flight on living creatures. The sheep stepped on the rooster during the flight, but all three passengers returned to earth unharmed.

Below and Below Right: In the nineteenth century, daring people took their balloons further and higher. The balloonists in the picture below reached a height of 14,000 feet (4,000 meters).

Izquierda: En la década de 1780, los hermanos franceses Montgolfier pusieron una oveja, un gallo y un pato en un globo de aire caliente. Los Montgolfier querían probar el efecto de vuelo en seres vivos. La oveja pisó al gallo durante el vuelo, pero los tres pasajeros regresaron a tierra ilesos.

Abajo y abajo a la izquierda: En el siglo diecinueve, algunas personas intrépidas llevaron sus globos más alto y lejos. Los aeronautas en el cuadro abajo alcanzaron una altura de 14.000 pies (4.000 metros).

was heading toward the ground, only ten feet below him.

Suddenly, there was a gust of wind. It lifted the machine upward again and sent Orville soaring even higher. The aircraft went fast and it made Orville dizzy. He grasped the levers of the machine and tried to steady it as he moved up and down and up and down.

Finally, the machine crashed into the sand. Orville crawled out of the aircraft, tired and dazed.

First in the History of the World

Orville had only flown 120 feet (36.5 meters). He was in the air only 12 seconds. But that distance and that short time span was an amazing human victory.

Orville and his brother Wilbur had gone where no one had ever gone before. They had built a machine that was heavier than air and that could carry a person in free flight. The machine kept itself in the air by its own power. A human pilot could control the movement. The Wright brothers had designed and created the world's first successful airplane.

solamente a diez pies.

Repentinamente, hubo una ráfaga de viento. Se llevó la máquina hacia arriba e hizo que Orville subiera aún más alto. La aeronave iba rápido y Orville se mareó. Agarró las palancas de la máquina y trató de estabilizarla al mismo tiempo que se movía de arriba a abajo.

Por fin, la máquina se estrelló contra la arena. Orville gateó de la aeronave, cansado y aturdido.

Primero en la historia del mundo

Orville había volado solamente 120 pies (36,5 metros). Estuvo en el aire solamente 12 segundos. Pero esa distancia y ese breve lapso de tiempo fue una victoria humana asombrosa.

Orville y su hermano Wilbur habían hecho lo que nunca antes se había hecho. Habían construido una máquina que era más pesada que el aire y que podía llevar a una persona en vuelo libre. La máquina se mantenía en el aire por su propia potencia. Un piloto podía controlar el movimiento. Los hermanos Wright habían diseñado

66 Every airplane that flies, in any part of the world, does so [because of] . . . the Wright brothers. 99

—Fred C. Kelly
From his biography,
The Wright Brothers

66 Cada aeroplano que vuela, en cualquier parte del mundo, lo hace [gracias a] . . . los hermanos Wright. 99

—Fred C. Kelly,
en la biografía,
Los hermanos Wright

Orville Wright flew the first airplane more than a hundred years ago. He took off from the sand in South Kitty Hawk, North Carolina, on December 17, 1903.

Orville Wright was not the first person to fly, however. Two Frenchmen named Pilatre de Rozier and the Marquis de Arlandes had flown over 100 years before Orville. The Wrights were not the first to design an aircraft either. It was another pair of brothers, Joseph and

y creado el primer aeroplano operante del mundo.

Orville Wright voló el primer aeroplano hace mas de cien años. Despegó de la arena en South Kitty Hawk, en Carolina del Norte, el 17 de diciembre de 1903.

Sin embargo, Orville Wright no fue la primera persona en volar. Dos franceses llamados Pilatre de Rozier y el marqués de Arlandes habían volado más de 100 años antes que Orville. Los hermanos

The first air show in 1868 got many people in Britain interested in flying.

El primer espectáculo aéreo en 1868 hizo que mucha gente de Gran Bretaña se interesara por volar.

Etienne Montgolfier, who did that.

In the early 1780s, the Montgolfiers had started experimenting with the properties of hot air. In June 1783, they filled a large balloon made of cloth and paper with hot air and released it. The balloon soared toward the sky and rose to 6,000 feet (1,829 meters). When the air inside it cooled, it returned to Earth over a mile away.

People on the ground were frightened when they saw the balloon. They were so frightened that they ripped the balloon into pieces. A few months later, the Montgolfiers flew again. This time they flew their balloon over Paris and became the world's first aviators.

An aviator is a person who can fly an aircraft. A balloon was the first aircraft, and ballooning caught on quickly after the Montgolfiers made their flight. People flew balloons for sport and in wars. But a balloon was lighter than air and could only go where the wind blew.

Wright no fueron tampoco los primeros en diseñar una aeronave. Quienes lo hicieron fue otra pareja de hermanos, Joseph y Etienne Montgolfier.

A principios de la década de 1780, los Montgolfier habían comenzado a experimentar con las propiedades del aire caliente. En junio de 1783, llenaron con aire caliente un globo grande hecho de tela y papel y lo soltaron. El globo se elevó hacia el cielo y alcanzó los 6.000 pies (1.829 metros.) Cuando el aire se enfrió, el globo regresó a tierra a más de una milla de distancia.

Algunas personas en tierra se asustaron cuando vieron el globo. Estaban tan asustadas que lo rompieron en pedazos. Unos pocos meses más tarde, los Montgolfier volaron nuevamente. Esta vez volaron su globo sobre París y se convirtieron en los primeros aviadores del mundo.

Un aviador es una persona que puede volar una aeronave. Un globo fue la primera aeronave, y montar en globo se popularizó rápidamente después que los Montgolfier realizaron su vuelo. La gente montaba en globo como deporte y en guerras. Pero un globo era más ligero que el aire y podía dirigirse sólo donde soplara el viento.

This shows a machine that was supposed to rise into the air when a pilot turned a wheel. This was one of the early flying machines that never worked.

Ésta es una máquina que supuestamente se elevaba en el aire cuando el piloto giraba una rueda. Fue una de las primeras máquinas voladoras que nunca funcionaron.

Heavier Than Air

Soon, people began to wonder whether a machine could fly if it were heavier than air. All through the 1800s people worked on this idea. They built gliders with wings that sailed like birds but were big enough to hold people. They built model aircraft powered by steam and by gasoline engines.

By the end of 1903, many people were close to building an airplane. Orville and Wilbur Wright achieved this dream.

The House on Hawthorn Street

Wilbur Wright was born on April 16, 1867, on a farm in Indiana. Orville was born on August 19, 1871, in Dayton, Ohio. Their father was a bishop named Milton Wright. Wilbur, Orville, their two older brothers, and their younger sister Katharine grew up in a house in Dayton.

Wilbur and Orville went to school. They did household chores to earn money that

Más pesado que el aire

Pronto, algunos individuos empezaron a preguntarse si una máquina siendo más pesada que el aire podía volar. Durante todo el siglo diecinueve hubo personas que trabajaron en esta idea. Construyeron planeadores con alas que volaban como aves y eran suficientemente grandes para acomodar personas. Construyeron modelos de aeronave impulsados por motores a vapor o de gasolina.

Para fines de 1903, muchas personas estuvieron cerca de construir un aeroplano. Orville y Wilbur Wright lograron este sueño.

La casa de la calle Hawthorn

Wilbur Wright nació el 16 de abril de 1867, en una granja en Indiana. Orville nació el 19 de agosto de 1871, en Dayton, Ohio. Su padre era un ministro llamado Milton Wright. Wilbur, Orville, sus hermanos más grandes y su hermana más chica Katharine crecieron en una casa en Dayton.

Wilbur y Orville asistían a la escuela. Ayudaban en las cosas de la casa para ganar dinero y usarlo en sus pasatiempos. El pasatiempo de

they used for their hobbies. Wilbur's hobby was skating and Orville's was collecting and selling metal.

The brothers also liked to make things. For a while, they made kites. Wilbur invented a machine for folding newspapers. He made money folding pages for a church magazine. Then, he decided to power the machine and have it fold newspapers automatically. He made his machine with a part that was used for sewing machines.

The Chinese Top

Making things seemed to run in the Wright family. The boys' mother, Susan, could fix almost anything. Their father encouraged his sons to explore new ideas. Wilbur and Orville tackled one hobby after another.

It was the boys' father who sparked their interest in flight. In the late 1870s, he came home one day with a toy for his boys. Today the toy would be called a model helicopter, but then it was called a "Chinese flying top."

The Chinese flying top had a propeller on a spindle. It was

Orville era patinar y el de Orville era coleccionar y vender metales.

A los hermanos también les gustaba fabricar cosas. Por un tiempo, construyeron cometas. Wilbur inventó una máquina para doblar periódicos. Ganó dinero doblando hojas de la revista de una iglesia. Más tarde, decidió ponerle un motor a la máquina para que doblara periódicos automáticamente. Fabricó su máquina con una pieza que se usaba en máquinas de coser.

El trompo chino

Parecía que la familia Wright llevaba en la sangre construir cosas. La madre de los muchachos, Susan, podía arreglar casi cualquier cosa. El padre alentaba a sus hijos a explorar nuevas ideas. Wilbur y Orville pasaban de un pasatiempo a otro.

Fue el padre de los muchachos quien despertó su interés por el vuelo. A fines de la década de 1870, llegó a casa un día con un juguete para sus hijos. Hoy lo llamaríamos un modelo de helicóptero, pero en ese tiempo se lo llamaba trompo volador chino.

Flying tops were made like tiny helicopters. These toys delighted children 500 years before the first helicopter flew.

Los trompos voladores chinos eran como pequeños helicópteros. Estos juguetes encantaron a los niños 500 años antes de que volara el primer helicóptero.

Kites were another children's flying toy. Children played with kites long before the Wrights built the first airplane.

Las cometas eran otro juguete que volaba. Los niños jugaban con cometas mucho antes que los hermanos Wright construyeron el primer aeroplano.

powered by pulling a string. Children in Europe had been playing with these toys since the 1400s. The Wrights' toy was powered not by pulling a string but by twisting a rubber band.

The boys played with their top until it broke. Then, they began to make their own copies of the toy. They called their new toys "bats." Wilbur made more and more bats that got bigger and bigger. Soon, the bats were too heavy to fly.

The Four-Year Gap

The boys worked well together on many projects. But with four years between the boys, sometimes their interests were different. Orville was more outgoing than Wilbur. Wilbur was more interested in books and schoolwork.

For a while, Orville seemed to be a budding businessman. At one time, he got interested in printing. Orville and a friend set up a home printing business in the Wrights' kitchen. They built

El trompo volador tenía una hélice en un eje. Se impulsaba tirando de un cordón. Los niños de Europa habían jugado con ellos desde el 1400. El juguete de los hermanos Wright se impulsaba no tirando de un cordón sino torciendo una liga de goma.

Los muchachos jugaron con su trompo hasta que se rompió. Luego empezaron a construir sus propios trompos voladores. Llamaron a sus nuevos juguetes "murciélagos". Wilbur hizo más y más murciélagos, cada vez más grandes. Pronto, los murciélagos eran demasiado pesados para volar.

Cuatro años de diferencia

Los muchachos trabajaron juntos en muchos proyectos. Pero con un diferencia de cuatro años entre ellos, algunas veces sus intereses eran diferentes. Orville era más sociable que Wilbur. A Wilbur le interesaban más los libros y tareas escolares.

Por un tiempo, Orville pareció un prometedor hombre de negocios. En una ocasión, se interesó por la tipografía. Orville y un amigo emprendieron un negocio casero de tipografía en la cocina de la familia Wright. Construyeron su propia

their own printing press and made advertisements they sold to local shopkeepers.

Partners

For a while, it looked as if the brothers would go separate ways. Then something happened to change their lives forever. Wilbur had an accident while playing ice hockey. A team member's stick hit him in the face and injured him badly. Wilbur developed heart trouble after the accident and had to give up skating and stay at home. During this time, his mother, Susan, became ill. Wilbur spent hours at home taking care of her.

Susan Wright died in 1889. Then, the boys' sister, Katharine, took care of the house and family.

At one point before his mother died, Wilbur helped Orville design a new printing press. By 1890, the boys earned a living from printing and publishing a local newspaper.

The Wright Cycle Company

Two years later, the boys discovered another interest they shared—bicycling. At this time, many people in Europe and North America had become interested in bicycling. Wilbur and Orville decided to go into business selling bicycles.

In 1892, the Wright brothers set up the Wright Cycle Company. First, they just sold bicycles. Then, they started making them.

pren-sa tipográfica e hicieron anuncios que vendían a comerciantes locales.

Socios

Por un tiempo, pareció que los hermanos seguirían distintos caminos. Pero, pasó algo que cambió sus vidas para siempre. Wilbur tuvo un accidente cuando jugaba hockey sobre hielo. El palo de un compañero de equipo le pegó en la cara y lo lastimó fuertemente. Wilbur se enfermó del corazón después del accidente y tuvo que dejar de patinar y quedarse en casa. Durante este tiempo, su madre, Susan, se enfermó. Wilbur se pasó horas en la casa cuidándola.

Susan Wright murió en 1889. Después, la hermana de los muchachos Katharine cuidó de la casa y la familia.

Un tiempo antes de que su madre muriera, Wilbur ayudó a Orville a diseñar una nueva prensa tipográfica. Para 1890, los muchachos se ganaban la vida imprimiendo y publicando un periódico local.

La Compañía de Bicicletas Wright

Dos años más tarde, los muchachos descubrieron que tenían otro interés en común—el ciclismo. En ese tiempo, mucha gente en Europa y Norteamérica se había interesado por el ciclismo. Wilbur y Orville decidieron dedicarse a la venta de bicicletas.

En 1892, los hermanos Wright establecieron la Compañía de Bicicletas Wright. Al principio, sólo vendían bicicletas. Después, empezaron a fabricarlas.

El taller de bicicletas de los hermanos Wright en Dayton, Ohio. El taller y las cosas que había en él están ahora en exhibición en el Museo Henry Ford en Dearborn, Michigan.

The Wrights' bicycle shop in Dayton, Ohio. The shop and the items it had in it are now on show at the Henry Ford Museum in Dearborn, Michigan.

" It is very beautiful to see this noble white bird sail . . . from the top of a hill. [It soars by its own weight [and at] an angle of about eighteen degrees with the horizon. "

—Sir George Cayley, describing his full-sized glider in flight

" Es muy hermoso ver volar esta noble ave blanca . . . desde lo alto de la colina. Se eleva por su propio peso [y a] un ángulo de cerca de dieciocho grados con el horizonte. "

—Sir George Cayley, al describir su planeador en vuelo

In 1897, Orville got another idea. The gasoline engine had recently been developed, and in Europe, the engineers Karl Benz and Gottfried Daimler used gas engines to power carriages. Orville thought he and Wilbur could make more money making carriages than they could making bicycles. Then, they learned of another engineer named Otto Lilienthal. It appeared that this man was having some success trying to fly.

Sir George Cayley

By this time in history, people had been flying in balloons for over 100 years. But Otto Lilienthal was building a machine that was heavier than air.

Lilienthal got this idea from an Englishman named Sir George Cayley. Cayley had improved the Chinese top that had interested the Wright brothers. He had done this shortly after the first balloon flights years before. Then, Cayley became more interested in learning about how things flew.

Cayley made experiments, and he studied birds in flight. In 1804, he designed a model glider. The glider was based on a common

En 1897, Orville tuvo otra idea. El motor a gasolina se había desarrollado recientemente, y en Europa los ingenieros Karl Benz y Gottfried Daimler los usaban para impulsar carruajes. Orville pensó que él y Wilbur podrían ganar más dinero fabricando carruajes que fabricando bicicletas. Más tarde, se enteraron de que otro ingeniero, Otto Lilienthal, parecía estar teniendo algún éxito en tratar de volar.

Sir George Cayley

Para ese entonces, la gente había estado volando en globos por más de 100 años. Pero Otto Lilienthal estaba construyendo una máquina que era más pesada que el aire.

Lilienthal tomó esta idea de un inglés llamado Sir George Cayley. Cayley había mejorado el trompo volador chino que había interesado a los hermanos Wright. Había hecho esto poco después del primer vuelo de globo años antes. Luego, Cayley, se interesó más por aprender sobre el vuelo.

Cayley realizó experimentos y estudió las aves en vuelo. En 1804, diseñó un modelo de planeador. El planeador fue basado en una

In 1883, a French artist imagined travel in the future. His air cars looked like lighter-than-air machines, but they were powered by gas engines—just as the Wrights' machine would be.

En 1883, un artista francés imaginó un viaje del futuro. Sus carros aéreos parecían máquinas más ligeras que el aire, pero eran impulsados por motores a gasolina—como lo serían las máquinas de los Wright.

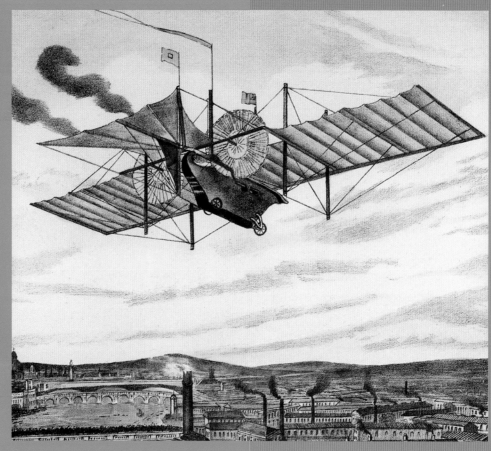

This flying machine was powered by steam. It was invented in the 1840s by William Henson. Henson had pictures printed that showed his aircraft flying over London. But, when he tried it out, the machine failed to fly.

Esta máquina voladora era impulsaba a vapor. Fue inventada en la década de 1840 por William Henson. Él hizo que imprimir fotos que mostraban su aeronave volando sobre Londres. Pero, cuando la puso a prueba, la máquina no voló.

kite but could fly about 60 feet (18 meters) through the air.

Next, Cayley designed a full-sized glider. He launched the glider from a hill, with no one on board. Very much later, he sent up a man in another glider. The man worked for Cayley, and Cayley ordered the man to go up in the glider to see how it flew. The man lived through the flight, but he was terrified. As soon as he landed safely, he told Cayley that he would no longer work for him.

cometa común, pero podía volar cerca de 60 pies (18 metros).

Después, Cayley diseñó un planeador. Lanzó el planeador desde una colina, sin nadie a bordo. Mucho más tarde, envió a un hombre en otro planeador. El hombre trabajaba para Cayley, y Cayley le mandó que volara el planeador para ver cómo funcionaba. El hombre sobrevivió al vuelo, pero estaba aterrorizado. Tan pronto como aterrizó, le dijo a Cayley que no trabajaba más para él.

Top: This machine was supposed to rise into the air when a person used the pedals. This was one of many early flying machines that never worked.

Below: This machine was tested in London. It did not rise from the ground but was launched from a height. In an instant, it crashed to the ground and killed its inventor.

Arriba: En teoría, esta máquina se elevaría en el aire cuando una persona usara los pedales. Ésta fue una, entre muchas, de las máquinas voladoras que nunca funcionaron.

Abajo: Esta máquina se probó en Londres. No se elevó del suelo sino que fue lanzada de una altura. En un instante, se estrelló contra el suelo y mató a su inventor.

Look at the middle picture of the owl. Then look at the picture of the aircraft on page 23. Both the owl's wings and the aircraft's wings slant upward. Both types of wings are called airfoils.

Observe la imagen del búho en el medio. Luego observe la imagen de la aeronave en pagina 23. Tanto las alas del búho como las alas de la aeronave se inclinan hacia arriba. A ambos tipos de alas se les llama planos aerodinámicos.

Power, Weight, and Air

Cayley had a problem with his heavier-than-air flying machine. He had to power the machine to support it when the machine hit the air. In 1809, Cayley wrote an essay about his findings. He used the example of a bird's wings to explain the problem.

As a bird flies forward, its wings hit the air at an angle. The wind moves in a straight path. When the wind hits the angled surface of the bird's wings, it lifts the bird up. The wind supports the bird's weight as it soars into the sky.

Cayley published his essay. Then, an engineer named William Henson got interested in flight. In 1842, Henson wrote about his findings. Like a bird, a flying machine also had to

Potencia, peso y aire

Cayley tenía un problema con su máquina voladora más pesada que el aire. Tenía que darle potencia para sostenerla cuando éstadio con el aire. En 1809, Cayley escribió un ensayo sobre sus descubrimientos. Usó el ejemplo de las alas de un ave para explicar el problema.

Cuando un ave vuela hacia adelante, sus alas tocan el aire en ángulo. El aire se mueve en trayectoria recta. Cuando el aire pega con la superficie en ángulo de las alas del ave, el aire impulsa al ave hacia arriba. El aire sostiene el peso del ave mientras ésta se eleva en el cielo.

Cayley publicó su ensayo. Luego, un ingeniero llamado William Henson se interesó por el vuelo. En 1842, Henson escribió acerca de

The flaps on the aircraft's wings help slow down the plane as it lands.

Los alerones en las alas de la aeronave ayudan a disminuir su velocidad al bajar.

hit the air at an angle. The front edge of the machine had to stay higher than the back edge as the machine rose. Also, something had to power the machine and keep it moving as it went up into the air.

Henson believed that steam could power the machine. The steam, he said, would work like a bird's muscles. Henson built a bird-shaped machine that had steam-powered wings. But the machine did not work, and Henson gave up his experiments.

Henson's partner, John Stringfellow, continued the experiments. In 1848, he built a machine that was 10 feet (3 meters) across

sus descubrimientos. Como un ave, una máquina voladora también tenía que dar con el aire en un ángulo. El extremo frontal de la máquina tenía que estar más alto que el extremo trasero cuando la máquina se elevaba. También, algo tenía que dar potencia a la máquina y mantenerla en movimiento cuando se elevaba en el aire.

Henson creía que el vapor podía dar potencia a la máquina. Dijo que el vapor funcionaría en forma semejante a los músculos del ave. Henson construyó una máquina con la forma de un ave y que tenía alas impulsadas por vapor. Pero la máquina no funcionó, y Henson abandonó sus experimentos.

from the tip of one wing to the tip of the other. Stringfellow powered his machine by steam but he launched it along a cable. The machine shot along the cable and then rose into the air. Then it flew into a canvas that was placed to catch the machine. This was the first powered model aircraft to achieve free flight.

Otto Lilienthal

Otto Lilienthal got interested in flight in the 1860s. He and his brother tried to make wings for a flying machine. The wings did not work, but Lilienthal grew up to be an inventor. Lilienthal thought of flight as a puzzle. He knew the only way to solve the puzzle was to get up in the air.

The Humpbacked Curve

Like Sir George Cayley, Otto Lilienthal started studying birds. In 1889, he published his findings. Lilienthal made an important discovery about wings. When a bird stretches out its wings, the wings are not flat. They are humped, or curved, along the top. This curve is key to helping heavier-than-air flying machines get off the ground.

An airplane's wing, like a bird's wing, is curved along the top and flat on the bottom. As the airplane begins to move, air flows both over the wing and under the wing. But the air that flows along the top

El socio de Henson, John Stringfellow, continuó los experimentos. En 1848, construyó una máquina que medía 10 pies (3 metros) de una punta a otra de las alas. El vapor impulsaba la máquina de Stringfellow, pero se la lanzó a lo largo de un cable. La máquina se disparó a lo largo del cable y se elevó en el aire. Luego voló hacia una lona colocada para atraparla. Ésta fue la primera modelo de aeronave impulsada que logró volar.

Otto Lilienthal

Otto Lilienthal se interesó por el vuelo en la década de 1860. Él y su hermano trataron de construir alas para una máquina voladora. Las alas no funcionaron, pero ya adulto Lilienthal fue un inventor. Él pensaba que el vuelo era como un rompecabezas. Sabía que la única manera de resolverlo era volar.

La curva jorabada

Igual que Sir George Cayley, Otto Lilienthal empezó estudiando las aves. En 1889 publicó sus descubrimientos. Lilienthal hizo un importante descubrimiento sobre las alas. Cuando un ave abre sus alas, las alas no son planas. Tienen una joroba, o curva, a lo largo de la parte superior. Esta curva es la clave para ayudar a máquinas voladoras más pesadas que el aire a despegarse del suelo.

El ala de un aeroplano, como el ala de un ave, es curva en la parte superior y plana en la parte inferior. Cuando el aeroplano empieza a moverse, el aire pasa por encima y por debajo del ala. Pero el aire que pasa por encima de la parte superior tiene que recorrer más distancia debido a la curva. Esto lo

has farther to travel because of the curve. This makes it move faster than the air that flows along the bottom of the wing.

The faster the air moves, the less pressure it places on the objects around it. So the air pressure beneath the wing is greater than the air pressure above the wing. The extra pressure from below pushes, or lifts, the plane into the air. The faster the airplane moves, the greater this pressure, or lift, becomes. The lift finally becomes greater than the weight of the plane, so the plane leaves the ground.

Lift and Drag

Besides lift, another force that affects airplanes is drag. Drag is the friction of the air through which the airplane is moving. A person feels drag when he or she sticks a hand out of a moving car's window. Like lift, drag increases with an airplane's speed. While lift pushes the airplane up, drag pushes it back at the same time.

Drag makes the angle of the wing important. The best angle gives the wing the biggest

hace moverse más rápido que el aire que pasa por debajo de la parte inferior.

Cuanto más rápido se mueve el aire, menos presión ejerce sobre los objetos a su alrededor. Por esto, la presión del aire debajo del ala es mayor que la presión encima del ala. La presión extra por debajo empuja, o hace elevarse, al avión en el aire. Cuanto más rápido se mueve el aeroplano, mayor es la presión, o sustentación. La sustentación finalmente se hace mayor que el peso del aeroplano, por lo que éste se despega del suelo.

Sustentación y resistencia

Aparte de la sustentación, otra fuerza que afecta los aeroplanos es la resistencia. La resistencia es la fricción del aire a través del que se mueve el aeroplano. Una persona siente resistencia cuando saca una mano fuera de la ventana de un auto en movimiento. Al igual que la sustentación, la resistencia se incrementa con la velocidad del aeroplano. Al mismo tiempo que la sustentación empuja al aeroplano hacia arriba, la resistencia lo empuja hacia atrás.

> 66 By comparison with many . . . inventions, such as the telephone, . . . the flying machine represents, in one sense, the greatest of all. 99
>
> —M.J.B. Davy

> 66 En comparación con muchos . . . inventos, tales como el teléfono . . . la máquina voladora representa, en un sentido, el más maravilloso de todos. 99
>
> —M.J.B. Davy

amount of lift and the least amount of drag. The angle of the wing changes often as the speed of the plane changes. The wing must stay at just the right angle for the aircraft to fly. If the angle gets too flat or too sharp, the lift lessens and the drag grows. Then, the aircraft can stop flying completely. It can crash to the ground.

Lilienthal Flies

By 1891, Otto Lilienthal had done a lot of experiments. Now, he began to test the effects of lift and drag on himself. He built a wooden glider just for this experiment. He built sleeves under the wings to hold his arms.

Lilienthal stood under his glider. He thrust his arms into the sleeves. Then he climbed onto a springboard and jumped into the air. Then, he was flying. He was dangling from his glider and flying. Before long, he could fly hundreds of yards.

Soon, Lilienthal got rid of his springboard. He took off from steep hills. He made thousands of flights and gained a lot of experience. He learned that lift and drag were important, but that keeping steady in the air was important too. He also learned that he could balance his glider by moving his body around.

By 1896, Otto Lilienthal was famous. He had made big plans to improve his

La resistencia hace que el ángulo del ala sea muy importante. El mejor ángulo da al ala la mayor cantidad de sustentación y la menor cantidad de resistencia. El ángulo del ala cambia a menudo con el cambio de la velocidad del aeroplano. El ala debe quedar en un ángulo correcto para que la aeronave vuele. Si el ángulo se hace demasiado plano o agudo, la sustentación disminuye y la resistencia se incrementa. Entonces, la aeronave puede parar de volar y estrellarse contra el suelo.

Lilienthal vuela

Para 1891, Otto Lilienthal había realizado muchos experimentos. Ahora, empezó a verificar los efectos de la sustentación y la resistencia en él mismo. Construyó un planeador de madera sólo para este experimento. Construyó mangas por debajo de las alas para meter los brazos.

Lilienthal se paró debajo de su planeador. Introdujo los brazos dentro de las mangas, se subió a un trampolín y saltó al aire. Estaba volando. Estaba colgado de su planeador y volando. En poco tiempo, pudo volar cientos de yardas.

Pronto, Lilienthal se deshizo del trampolín y despegó de colinas empinadas. Hizo miles de vuelos y adquirió mucha experiencia. Aprendió que la sustentación y resistencia eran importantes, pero que la estabilidad en el aire era también importante. Además, aprendió que podía mantener su planeador en equilibrio al cambiar la posición de su cuerpo.

Para 1896, Otto Lilienthal era famoso. Había hecho grandes planes para mejorar su planeador. Lilienthal se proponía impulsar su planeador por medio de

Otto Lilienthal in his double-decker glider. Later, the Wrights built a double-decker glider too.

Otto Lilienthal en su planeador de dos pisos. Tiempo después, los Wright también construyeron un planeador de dos pisos.

glider. Lilienthal planned to power his glider with an engine. But before he did, he plunged to his death during one of his flights.

The Wrights Enter the Picture

In Dayton, Ohio, the Wright brothers learned of Lilienthal's death. They also learned of his big plans. The Wrights wanted to carry out Lilienthal's plans. They wanted to use a gas engine to power an aircraft.

The Wright brothers decided to go to the library. They read everything they could find that was written about flight. Some of the

un motor. Pero murió antes de llevar a cabo su idea. Murió cuando su planeador se precipitó a tierra.

Los hermanos Wright entran en escena

En Dayton, Ohio, los hermanos Wright se enteraron de la muerte de Lilienthal. También se enteraron de sus grandes planes. Los hermanos quisieron llevar a cabo los planes de Lilienthal. Quisieron usar un motor a gasolina para impulsar una aeronave.

Los hermanos Wright decidieron ir a la biblioteca. Leyeron todo lo que pudieron encontrar que

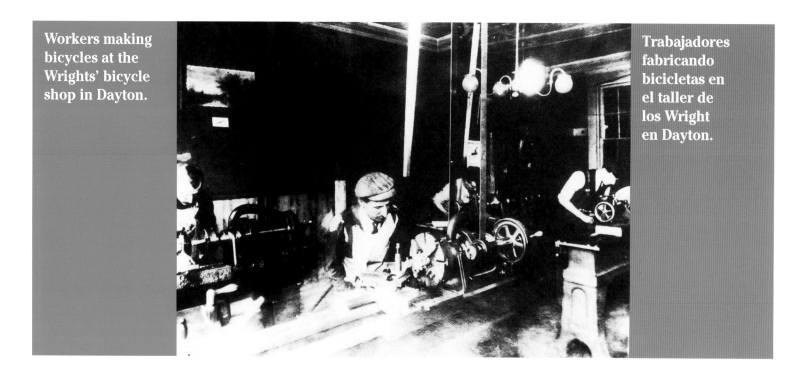

Workers making bicycles at the Wrights' bicycle shop in Dayton.

Trabajadores fabricando bicicletas en el taller de los Wright en Dayton.

books they read were written by people who had flown before. One of these people was Samuel P. Langley. Langley had made a steam-powered aircraft and had flown more than three-quarters of a mile over the Potomac River in Washington.

The Wright brothers got very excited about what they read. They studied hard about flying and learned what everyone before them had done. Then, they began to think things out for themselves.

The Question of Balance

Orville and Wilbur knew that the question of balance was important. An aircraft that kept tipping from side to side was both useless and dangerous. Lilienthal had died

se relacionaba con el vuelo. Algunos de los libros los habían escrito personas que habían volado antes. Una de estas personas era Samuel P. Langley. Él había fabricado una aeronave impulsada a vapor y había volado más de tres cuartos de milla sobre el río Potomac en Washington.

Los hermanos Wright se entusiasmaron mucho con lo que leyeron. Estudiaron todo lo relacionado con el vuelo y aprendieron lo que otros habían hecho antes que ellos. Después, empezaron a pensar por sí mismos.

La cuestión del equilibrio

Orville y Wilbur sabían que la cuestión del equilibrio era muy importante. Una aeronave que a cada rato se inclinaba de lado a lado era inservible y, además, peligrosa. Lilienthal había muerto porque

because he could not balance his flying machine. The Wright brothers thought long and hard about the question of balance. Soon, they came up with an answer.

The answer was to change the shape of the machine's wings during flight. The Wright brothers knew, for example, that if the aircraft tipped over to the left, its left-hand wing would be lower than its right-hand wing. They believed that if they changed the shapes of the wings, the left-hand wing might meet the air at a sharper angle than the right-hand wing. A sharper angle meant greater lift. The left-hand wing would rise, and the right-hand wing would sink. Again, the machine would be balanced. The Wright brothers had the right idea. Now, they needed to figure out how to make it work.

The Cardboard Box

The Wright brothers were still running their bicycle shop. One day, in the shop, Wilbur got an idea.

He was holding a long cardboard box and talking with a customer. Then, he noticed how he was holding the box. He was holding the box at both ends, by the corners. He was twisting the two ends in different directions. When he twisted the box one way, he could see the top left-hand end of the box and the bottom right-hand end. When he twisted the box the other way, the top right-hand end came into view. It dipped down at the back, and started up at the front.

no pudo mantener en equilibrio su máquina voladora. Los hermanos Wright dedicaron muchas horas a pensar en la cuestión del equilibrio. Pronto encontraron una solución.

La solución fue cambiar la forma de las alas de la máquina durante el vuelo. Los hermanos Wright sabían, por ejemplo, que si la aeronave se inclinaba hacia la izquierda, el ala izquierda estaría más baja que el ala derecha. Creían que si cambiaban la forma de las alas, el ala izquierda quizás daría con el aire con un ángulo más agudo que el ala derecha. Un ángulo más agudo significaba mayor sustentación. El ala izquierda se elevaría, y el ala derecha descendería. Una vez más, la máquina estaría en equilibrio. Los hermanos Wright iban por buen camino con sus ideas. Ahora, lo que les faltaba era realizarlas.

La caja de cartón

Los hermanos Wright continuaban administrando su taller de bicicletas. Un día en el taller, Wilbur tuvo una idea.

Tenía en las manos una caja larga de cartón y estaba hablando con un cliente. Notó la forma en que estaba sosteniendo la caja. La sostenía por los dos extremos y de las esquinas. Estaba torciendo los dos extremos en diferentes direcciones. Cuando torció la caja de una manera, pudo ver el extremo superior izquierdo de la caja y el extremo inferior derecho. Cuando torció la caja de la otra manera, veía el extremo superior derecho. La caja bajaba en la parte de atrás, se levantaba en la parte de enfrente.

The sands of Kitty Hawk, North Carolina, were the perfect place for the Wrights to practice flying. Here, Orville and Wilbur are flying their homemade glider as a kite. The wing above their heads is the glider's rudder. It was attached to the front of the glider to give it balance.

Las arenas de Kitty Hawk, en Carolina del Norte, fueron el lugar perfecto para que los Wright practicaran los vuelos. Aquí, Orville y Wilbur están volando su planeador como si fuera una cometa. El ala encima de sus cabezas es el timón de dirección. Lo sujetaron en la parte delantera del planeador para mantenerlo en equilibrio.

Now, Wilbur thought, what if the ends of the box were the wings of a flying machine? He thought maybe now he had a better idea of how to balance an aircraft.

Wing-Warping

In 1899, the Wright brothers built a new kind of aircraft. They built a double-decker kite in the same shape as the box. The kite was 5 feet (1.5 meters) across and had cords that led to its corners. By pulling the cords, a person could control the wings and balance the kite.

In August 1899, the Wright brothers tried out their kite. They took it to a field outside Dayton. A group of young boys watched the men fly their kite. Wilbur's idea had worked.

Wilbur pensó, ¿y si los extremos de la caja fueran las alas de una máquina voladora? Pensó que quizás ahora comprendía mejor cómo mantener en equilibrio una aeronave.

La técnica de torcer las alas

En 1899, los hermanos Wright construyeron una nueva clase de aeronave. Construyeron una cometa de dos pisos con la misma forma de la caja. La cometa tenía 5 pies (1,5 metros) de ancho y tenía cuerdas que iban a las esquinas. Al tirar de las cuerdas, una persona podía controlar las alas y equilibrar la cometa.

En agosto de 1899, los hermanos Wright probaron su cometa. La llevaron a un campo fuera de Dayton. Un grupo de jóvenes vieron a los hombres volar su cometa. La idea de Wilbur había funcionado.

Launching the Wright glider at Kitty Hawk. In this picture, Orville is the pilot. Wilbur and a man from Kitty Hawk are helping him.

Lanzamiento de la cometa de los Wright en Kitty Hawk. En esta foto, Orville es el piloto. Wilbur y un hombre de Kitty Hawk lo están ayudando.

The Wright brothers called this idea wing-warping. The idea is still used on aircraft today.

Getting an Expert

Wing-warping had solved the problem of balance. The Wright brothers now needed a kite that was large enough to hold a passenger. The brothers made a plan to build a glider.

The brothers knew that kites need wind. A glider, they knew, would need strong, steady wind. Wilbur wrote a letter to a man named Octave Chanute. Chanute became very important in helping the Wright brothers fly.

The Perfect Place

Chanute had a good idea for Wilbur. Chanute told Wilbur to try flying his glider from sand dunes. Sea breezes, Chanute said, were steady and strong.

Los hermanos Wright se referían a esta idea como técnica de torcer las alas. Aun hoy día se aplica la idea a las aeronaves.

La ayuda de un experto

La técnica de torcer las alas había solucionado el problema del equilibrio. Los hermanos Wright necesitaban ahora una cometa que fuera lo suficientemente grande para acomodar a un pasajero. Los hermanos hicieron un plan para construir un planeador.

Los hermanos sabían que las cometas necesitan viento. Sabían que una cometa necesitaría viento fuerte y constante. Wilbur escribió una carta a un hombre llamado Octave Chanute. Chanute se volvió muy importante en ayudar a los Wright a volar.

El lugar ideal

Chanute dio una buena idea a Wilbur. El dijo que tratara de volar su planeador en dunas de arena. Las brisas del mar, dijo Chanute, eran constantes y fuertes.

In 1890, the Wright brothers began building their glider. They studied the wind speed in different places, and they looked for a place that had sand dunes and sea breezes.

The brothers believed that the coast of North Carolina was the perfect place. They would fly their glider on a long sandy island in a town called Kitty Hawk.

Success Above the Sand

By September 1900, the Wright brothers were ready to fly. Orville stayed in Dayton to tend the bicycle shop, and Wilbur went to Kitty Hawk to prepare for the flight. A few weeks later, Orville went to Kitty Hawk to join his brother.

At Kitty Hawk, the wind was strong. It whipped against the sides of the brothers' tent. From inside the tent, Orville heard the sand blowing past them. He looked outside and did not see the glider. The glider was not where they left it. It had blown away. Outside the tent, there was nothing but sand.

Orville was angry and ran from the tent. He found the glider, but it had been buried in sand. The glider was just eight inches under the sand, but that much sand could do a lot of damage. Wilbur had come out of the tent by this time, and the brothers began to dig out their glider.

Orville and Wilbur spent the morning digging. After a long while, they slid the glider from the sand. They checked the glider for

En 1890, los hermanos Wright comenzaron a construir su planeador. Observaron la velocidad del viento en diferentes lugares, y buscaron un lugar que tuviera dunas de arena y brisas del mar.

Los hermanos creían que la costa de Carolina del Norte era el lugar ideal. Volarían su planeador en una isla larga y arenosa en un pueblo llamado Kitty Hawk.

Éxito sobre la arena

En septiembre de 1900, los hermanos Wright estaban listos para volar. Orville se quedó en Dayton para atender el taller de bicicletas, y Wilbur fue a Kitty Hawk a preparar el vuelo. Unas semanas más tarde, Orville fue a Kitty Hawk a reunirse con su hermano.

En Kitty Hawk el viento era fuerte. Azotaba los costados de la carpa de los hermanos. Desde adentro de la carpa, Orville escuchaba volar la arena. Miró hacia afuera y no vio el planeador. No estaba donde lo habían dejado. Se lo había llevado el viento. Alrededor de la carpa, no había más que arena.

Orville se enojó y salió corriendo de la carpa. Encontró el planeador enterrado en la arena. El planeador estaba a sólo ocho pulgadas debajo de la arena, pero tanta arena podía hacerle mucho daño. Wilbur había salido de la carpa, y los hermanos empezaron a desenterrar su planeador.

Orville y Wilbur se pasaron la mañana escarbando. Después de un largo rato, sacaron el planeador de la arena. Revisaron el planeador, y quedaron asombrados cuando no le encontraron ningún

Wilbur in his flying machine. There were high winds in Kitty Hawk, but Wilbur swore that flying the machine was not dangerous.

Wilbur en su máquina voladora. Había vientos fuertes en Kitty Hawk, pero Wilbur juró que volar la máquina no era peligroso.

66 The wind shaking the roof and sides of the tent sounds exactly like thunder. When we crawl out of the tent to fix things outside the sand fairly blinds us. It blows across the ground in clouds. We certainly can't complain of the place. We came down here for wind and sand, and we have got them. 99

—Orville Wright, in a letter to Katharine Wright, October 1900

66 El viento agitando el techo y los costados de la carpa suena exactamente como truenos. Cuando salimos gateando de la carpa para arreglar las cosas afuera, la arena por poco nos deja ciegos. Sopla por el suelo en forma de nubes. Ciertamente no podemos quejarnos del lugar. Vinimos aquí buscando viento y arena, y los encontramos. 99

—Orville Wright, en una carta a Katharine Wright, octubre de 1900

damage, and were amazed to find it had none. The wind was still rushing, and the brothers were ready to fly.

The Soaring Machine

The wind always seemed to be blowing at Kitty Hawk. It blew hard the week the Wright brothers tested their glider. The brothers decided to wait to fly until the wind calmed down. In the meantime, they flew the glider on ropes and controlled it like a kite.

The glider seemed alive as it soared through the air. The brothers called their glider a soaring machine. Sometimes it soared perfectly. At other times, it was hard to control. The brothers spent a lot of time learning to control their glider. When they understood how it worked, they felt ready to fly.

Before they could make their first flight, the brothers asked Bill Tate, the postmaster of Kitty Hawk, to be their helper. The Tate family had been good friends to the Wright brothers. The Tates had given them food and invited them to stay in their home during their time in Kitty Hawk.

daño. El viento aún estaba soplando, y los hermanos estaban listos para volar.

La máquina que vuela alto

Parecía que el viento soplaba siempre en Kitty Hawk. Sopló fuerte la semana en que los hermanos Wright pusieron a prueba su planeador. Los hermanos decidieron esperar para hacerlo volar hasta que el viento se calmara. Entretanto, lo hicieron volar con cuerdas y lo controlaron como si fuera una cometa.

El planeador parecía vivo al volar alto en el aire. Los hermanos llamaron a su planeador la máquina que vuela alto. Algunas veces volaba perfectamente. Otras veces era difícil de controlar. Los hermanos pasaron mucho tiempo aprendiendo a controlar el planeador. Cuando entendieron su funcionamiento, se sintieron listos para volar.

Antes de poder realizar su primer vuelo, los hermanos pidieron a Bill Tate, el administrador de correos de Kitty Hawk, que los ayudara. Bill Tate y su familia habían sido buenos amigos

The Wrights and Bill Tate took the glider to the largest sand dune on the island. It was one of a number of large sand dunes called Kill Devil Hills. Kill Devil Hills rose 100 feet (30 meters) above the ground. It was the perfect place for launching the glider.

For each launch, the brothers placed the machine on the dune, facing downhill. One of the brothers would climb onto the lower wing of the glider and lie flat in the middle. The other brother would stand at the end of one wing and Bill Tate would stand at the end of the other wing. Together they would lift the glider and start running.

As the air moved over the wings, the glider rose into the air. When the two men on the ground let go, the glider would soar down

de los hermanos Wright. La familia Tate les había regalado comida e invitado a quedarse en su casa durante su estadía en Kitty Hawk.

Los hermanos Wright y Bill Tate llevaron el planeador a la duna de arena más grande de la isla. Era una de varias dunas de arena llamadas Kill Devil Hills. Las Kill Devil Hills se alzaban a 100 pies (30 metros) sobre el suelo. El lugar era ideal para lanzar el planeador.

Para cada lanzamiento, los hermanos colocaron la máquina sobre la duna, orientada cuesta abajo. Uno de los hermanos subió al ala inferior del planeador y se recostó extendido en el medio. El otro hermano se paró al extremo de un ala y Bill Tate se paró al extremo de la otra. Juntos levantaron el planeador y comenzaron a correr.

The Wrights' kitchen in Kitty Hawk.

La cocina de los Wright en Kitty Hawk.

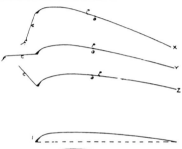

the hill and land gently on the sand at the bottom.

Wilbur wrote letters to Octave Chanute to tell him about their flights. Their flights had been safe, Wilbur explained. Neither he nor Orville got as much as a bruise. Still, the brothers had a lot of questions about flying. They planned to return to Kitty Hawk next year to learn more.

What's Gone Wrong?

The Wright brothers returned to Kitty Hawk in the summer of 1901. By this time, they had built a bigger, more powerful machine. Chanute was now very interested in the project. Two of his friends went with the brothers to Kitty Hawk.

This time, however, things went wrong from the start. First it rained, and then the brothers became ill. When the rains stopped, the mosquitoes came. Worst of all, the new flying machine did not fly as well as the last one.

A medida que el aire se movía sobre las alas, el planeador se elevó en el aire. Cuando los dos hombres que estaban en el suelo lo soltaron, el planeador voló cuesta abajo y aterrizó suavemente sobre la arena al pie de la colina.

Wilbur escribió cartas a Octave Chanute para informarle de sus vuelos. Sus vuelos habían sido seguros, le explicó Wilbur. Los hermanos no habían sufrido ninguna lesión. Sin embargo, los hermanos tenían muchas preguntas acerca de volar. Planearon regresar a Kitty Hawk el próximo año para aprender más.

¿Qué salió mal?

Los hermanos Wright regresaron a Kitty Hawk en el verano de 1901. Para ese tiempo, habían construido una máquina más grande y poderosa. Ahora Chanute estaba muy interesado en el proyecto. Dos de sus amigos fueron con los hermanos a Kitty Hawk.

Esta vez, sin embargo, hubo problemas desde el principio. Primero llovió, y después los hermanos se enfermaron. Cuando paró la lluvia, llegaron los mosquitos. Y lo peor de todo, la nueva máquina voladora no voló tan bien como la anterior.

Sin aviso previo, perdían el control

These drawings show what a bird's wing looks like when seen from the side. Understanding how a bird's wing works and the way air behaves helped the Wrights fly. These pictures were drawn by Octave Chanute. Chanute gave the Wrights advice. The curve that the brothers built into the wings of their aircraft was halfway between the buzzard wing shape (second from top) and the herring bull wing shape (bottom).

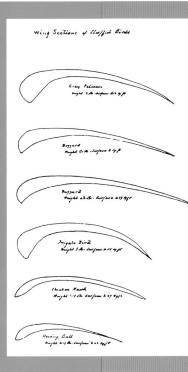

Estos dibujos representan alas de ave vistas de lado. Entender el funcionamiento de las alas y de la acción del aire ayudaron a los Wright a volar. Octave Chanute hizo estos dibujos y ayudó a los Wright. La curva que los hermanos dieron a las alas de su aeronave estaba entre la forma de un ala de buitre (segundo de arriba) y la de un ala de gaviota (abajo).

At a moment's notice, the aircraft would go out of control. The brothers struggled to keep the aircraft balanced. Once when Wilbur was flying, the aircraft rose 40 feet (12 meters) above ground. Then it almost stopped moving—the same thing that happened to cause Lilienthal's death. Wilbur was lucky to land safely.

The brothers worked hard to understand the problems they were having. They felt troubled and left Kitty Hawk. They nearly gave up trying to fly.

Chanute to the Rescue

Octave Chanute came to the rescue. He knew that the Wright brothers knew more about flying than anyone else. He did not want to see them

de la aeronave. Los hermanos luchaban por mantenerla en equilibrio. En una ocasión, cuando Wilbur estaba volando, la aeronave se elevó a 40 pies (12 metros) sobre el suelo. Luego, por poco se paró—la misma situación que resultó en la muerte de Lilienthal. Wilbur tuvo suerte de aterrizar sin lastimarse.

Los hermanos trabajaron mucho para entender los problemas que surgían. Estaban preocupados y se fueron de Kitty Hawk. Estuvieron a punto de abandonar sus intentos por volar.

Chanute al rescate

Octave Chanute llegó al rescate. Sabía que los hermanos Wright sabían más que nadie sobre el vuelo. No quería que abandonaran sus esfuerzos.

Top: The workroom behind the Wrights' bicycle shop where the brothers did experiments. The wind tunnel they made is inside the workroom.

Below: This shows another way to test air flow—by computer.

Arriba: El cuarto de trabajo detrás del taller de bicicletas de los hermanos Wright, donde los hermanos realizaron experimentos. El túnel de viento que fabricaron está dentro del cuarto.

Abajo: Aquí se muestra otra forma de probar el paso de aire—por computadora.

give up their efforts. He invited Wilbur to speak to a group of engineers. Wilbur spoke about flying, and he stated his doubts about what others before him had written about flight.

Orville began to worry about the work he and Wilbur had done. The books they doubted had been written by some of the best scientific minds. The Wright brothers had never been trained as scientists. They had gotten interested in flying simply for fun.

New Experiments

Orville began to do some experiments. He wanted to check the information he had read. To do the experiments, Orville built a small wind tunnel inside an old box. He tested model aircrafts with curved wing surfaces. He learned that the scientists had been wrong in their writings. He wanted to learn how much they had been wrong and why.

Orville and Wilbur did more experiments. They built a bigger wind tunnel, and they used a fan to blow air. The brothers tested more than 200 kinds of wing surfaces. They tested long ones and short ones and thick ones and thin ones. They tested singles and doubles and even triples, stacked one on top of the other. Then they sent their findings to Chanute.

The Wright brothers were making important discoveries about flight. No one had ever gotten this far before. With no training in sci-

Invitó a Wilbur a hablar con un grupo de ingenieros. Wilbur habló acerca de volar, y expuso sus dudas sobre lo que otros antes que él habían escrito acerca de volar.

Orville comenzó a preocuparse por el trabajo que él y Wilbur habían hecho. Los libros de los que dudaban habían sido escritos por algunos de los mejores científicos. Los hermanos Wright nunca habían estudiado para ser científicos. Se habían interesado por volar simplemente para divertirse.

Nuevos experimentos

Orville comenzó a realizar nuevos experimentos. Quería revisar la información que había leído. Para realizar los experimentos, Orville construyó un túnel de viento pequeño dentro de una caja vieja. Puso a prueba modelos de aeronave con alas de superficie curva. Se dio cuenta de que los científicos se habían equivocado. Quiso saber hasta qué punto se habían equivocado y por qué.

Orville y Wilbur realizaron más experimentos. Construyeron un túnel de viento más grande, y usaron un ventilador para echar aire. Los hermanos pusieron a prueba más de 200 clases de superficie de ala. Probaron largas y cortas, gruesas y delgadas. Probaron sencillas y dobles y aún triples, puestas una encima de la otra. Luego enviaron sus hallazgos a Chanute.

Los hermanos Wright estaban haciendo importantes descubrimientos sobre el vuelo. Nadie antes había logrado tanto al respecto. Sin

ence, they were becoming famous. They were doing experiments and becoming scientific pioneers.

Back to Kitty Hawk

In 1902, Orville and Wilbur returned to Kitty Hawk. They found the shed that held their glider nearly buried in the sand. They fixed the shed, and they added a living area for themselves. The brothers had become braver and more sure of their abilities. They got ready to fly their machine once again.

During their stay in Kitty Hawk, the brothers flew their machine over 1,000 times. They took off in strong winds, and they stayed in the air for 40 seconds, and then 50 seconds, and then a minute. The new glider had the lift of a bird and was much easier to control than the old glider. All it needed was power.

Power for the Machine

The brothers wanted to use a gas engine for power. They asked for help from companies

ser científicos, se estaban haciendo famosos. Estaban realizando experimentos y convirtiéndose en pioneros científicos.

De regreso a Kitty Hawk

En 1902 Orville y Wilbur regresaron a Kitty Hawk. Encontraron el cobertizo que guardaba su planeador casi enterrado en la arena. Repararon el cobertizo, y añadieron un área en que podrían vivir. Se sentían más atrevidos y más confiados en sus habilidades. Se prepararon para hacer volar su máquina otra vez.

Durante su estancia en Kitty Hawk, los hermanos hicieron volar su máquina más de 1,000 veces. Despegaron en vientos fuertes, y permanecieron en el aire por 40 segundos, y luego 50 segundos, y hasta un minuto. El planeador nuevo tenía la sustentación de un ave y era mucho más fácil de controlar que el planeador viejo. Lo único que le faltaba era potencia.

Potencia para la máquina

Los hermanos querían usar un motor a gasolina como fuente de potencia. Pidieron ayuda a com-

that made automobiles. The brothers needed an engine that weighed 200 pounds (41 kilograms) or less. None of the automobile companies would build them the engine.

So Orville and Wilbur built the engine themselves. They got it ready for testing in only six weeks' time. When they tested the engine, they were pleased with their work. The engine they built was even stronger and lighter than what they had hoped.

Still, the Wright brothers had more work to do on their aircraft. They had troubles with the propeller. They did more experiments and ran into more problems. They worked hard, and they solved their problems. In September 1903, they went back to Kitty Hawk. They felt good about their abilities and were again ready to fly.

The First Launch

The Wright brothers returned to their camp at Kill Devil Hills. Once again, they had to repair their old shed. This time, they built a second shed beside the first one. Then the weather turned stormy and the wind blew fiercely. After that it rained, and then it snowed.

The brothers had more problems with their flying machine also. When they tested the motor, things broke or came loose. The brothers fixed the broken parts and put the motor back together.

pañías que fabricaban automóviles. Los hermanos necesitaban un motor que pesara 200 libras (41 kilogramos) o menos. Ninguna de las compañías automovilísticas les fabricaría el motor.

Así que Orville y Wilbur fabricaron el motor ellos mismos. Lo tuvieron listo para probarlo en solamente seis semanas. Cuando lo pusieron a prueba, estuvieron contentos con su trabajo. El motor que fabricaron era aún más fuerte y ligero de lo que se habían imaginado.

Sin embargo, los hermanos Wright necesitaban trabajar más en su aeronave. Tuvieron problemas con la hélice. Realizaron más experimentos y se encontraron con más problemas. Trabajaron mucho y resolvieron sus problemas. En septiembre de 1903, regresaron a Kitty Hawk. Tenían confianza en sus habilidades y estaban nuevamente listos para volar.

El primer lanzamiento

Los hermanos Wright regresaron a su campamento en las Kill Devil Hills. Una vez más tuvieron que reparar su viejo cobertizo. Esta vez, construyeron un segundo cobertizo al lado del primero. Después, el tiempo se puso tormentoso y el viento empezó a soplar ferozmente. Luego llovió, y más tarde nevó.

Los hermanos tuvieron más problemas con su máquina voladora. Cuando probaron el motor, algunas piezas se rompieron o se aflojaron. Repararon las piezas rotas y volvieron a armar el motor.

Before the Wright brothers solved the problems humans had trying to fly, only birds knew the secret of flight.

Antes de que los hermanos Wright resolvieran los problemas que los seres humanos tuvieron a tratar de volar, solamente las aves conocían los secretos del vuelo.

In December 1903, the brothers were ready. They had helpers from the lifeguard station eager to help. The lifeguards and the Wright brothers hauled their machine up Big Kill Devil Hill. They got the launching rail ready for the flight.

Wilbur and Orville tossed a coin to decide who would fly first. Wilbur won the coin toss. He slid into the pilot's place while Orville kept the machine steady. The engine throbbed, and the wires holding the machine were released.

In an instant, the machine rushed forward. It tore itself from Orville's grasp. In an instant more, it rose off the rail. It was climbing too far

En diciembre de 1903, los hermanos estaban listos. Los salvavidas estaban listos para ayudar. Los salvavidas y los hermanos Wright subieron la máquina a Big Kill Devil Hill. Prepararon el carril de lanzamiento para el vuelo.

Wilbur y Orville lanzaron una moneda al aire para decidir quién volaría primero. Wilbur ganó. Se deslizó en el lugar para el piloto mientras Orville mantenía la máquina estable. El motor rugía, y se soltaron los cables que sujetaban la máquina.

En un instante, la máquina se precipitó hacia adelante. Se desprendió sola de la mano de Orville. En el siguiente instante, se despegó del

On December 17, 1903, Orville Wright made the world's first flight in a power-driven, heavier-than-air machine. In the picture, Wilbur is on the ground. He held the plane steady while it moved down the launching rail.

El 17 de diciembre de 1903, Orville Wright realizó el primer vuelo del mundo en una máquina impulsada por potencia y más pesada que el aire. En la foto Wilbur está de pie. Sostuvo al aeroplano mientras éste se movía por el carril de lanzamiento.

and losing all of its speed.

The machine stalled and sagged to the ground. It spun around and crunched to a halt. Wilbur's flight had come to an end. He had been in the air for just three and a half seconds.

The Machine Flies

Wilbur was not hurt, and the plane did not have much damage. The Wrights would have to make a few repairs, but that was all. Wilbur and Orville were not disappointed. They knew now that their launching system worked.

In just a few days, the machine was ready to fly again. But now ice covered the ground and the winds blew hard. Still, the brothers were ready and tired of waiting. They took their aircraft to the sand flats to make it fly.

carril. Estaba subiendo demasiado y perdiendo toda su velocidad.

La máquina se detuvo y cayó hacia el suelo. Dio volteretas y se detuvo con un crujido. El vuelo de Wilbur había terminado. Había estado en el aire por sólo tres segundos y medio.

La máquina vuela

Wilbur no estaba herido, y el aeroplano no estaba muy dañado. Tendrían que hacer unas pocas reparaciones, eso era todo. Wilbur y Orville no estaban desilusionados. Ahora sabían que su sistema de lanzamiento funcionaba.

En unos pocos días, la máquina estaba lista para volar nuevamente. Pero ahora el hielo cubría el suelo y el viento soplaba fuerte. De toda manera, los hermanos estaban listos y cansados de esperar. Llevaron la aeronave a los bancos de arena para hacerla volar.

The Moth Out of Season

A group of people had gathered. There were the lifeguards from Kill Devil—John Daniels, W.S. Dough, and A.D. Etheridge—a man named W.C. Brinkley, and a seventeen-year-old boy named Johnny Moore. Orville and these people watched as Wilbur made four flights over the sandy beach. The machine looked like a great, pale moth that was flying out of season. This airplane belonged to a world that had not yet come.

On the fourth flight, there had been a bumpy takeoff. Then for a while, Wilbur had been doing well. But then the machine began moving up and down as it had on its first flight. Then suddenly, it swooped down and hit the ground.

That flight became famous, and so did the people who had watched it. Wilbur had flown for 800 feet (244 meters) or more—the longest flight that had been made so far. A year before, the Wright brothers would have been happy with a flight half that distance.

La polilla fuera de temporada

Se había reunido un grupo de gente. Estaban los salvavidas de Kill Devil Hills—John Daniels, W.S. Dough y A.D. Etheridge—un hombre llamado W.C. Brinkley, y un muchacho de diecisiete años, Johnny Moore. Orville y esta gente observaron a Wilbur hacer cuatro vuelos sobre la playa arenosa. La máquina se veía como una pálida y gran polilla volando fuera de temporada. Este aeroplano pertenecía a un mundo que aún estaba por venir.

En el cuarto vuelo, el aeroplano había despegado con rebotes. Por un rato, Wilbur siguió sin problemas. Pero después, la máquina empezó a moverse de arriba a abajo como lo había hecho en el primer vuelo. De repente, cayó en picada y chocó con el suelo.

El vuelo se hizo famoso, así como también la gente que lo presenció. Wilbur había volado 800 pies (240 metros) o más—el vuelo más largo que se había realizado hasta entonces. Un año antes, los hermanos Wright hubieran estado felices con un vuelo a la mitad de esa distancia.

The Wrights and the rest of the group were very excited. Orville and the others rushed over to Wilbur and the machine that had flown. The front rudder was smashed but could be fixed quite easily. The group talked excitedly about what happened that day.

"Inform Press Home Christmas"

Suddenly, as the group talked, disaster struck. A strong gust of wind tore across the sand, hit the aircraft, and flipped it over. Everyone in the group dived to the rescue. But the aircraft rolled over and over, taking lifeguard John Daniels with it.

John Daniels was bruised, but he was not badly hurt. The aircraft, however, had come off much worse. The wings and the engine both had damage. There would be no more flying for the Wright brothers that year.

The next year, however, the brothers would fly. They would fly the year after that too, and for many years to come. Wilbur and Orville had made flight history. They sent a telegram to their family in Dayton. "Success four flights Thursday morning," the telegram read. "Inform press home Christmas."

The Story That Was Ignored

The Wright family did as the brothers had asked. They informed the press, but the press was not interested. A writer from the coast had heard the Wrights' news. He too told the

Los Wright y el resto del grupo estaban muy emocionados. Orville y los otros corrieron hacia Wilbur y hacia la máquina que había volado. El timón de dirección delantero estaba aplastado pero podía ser reparado fácilmente. El grupo conversó animadamente sobre lo que había pasado ese día.

"Informar Prensa Casa Navidad"

Inesperadamente, mientras el grupo platicaba, ocurrió un desastre. Una ráfaga fuerte de viento corrió sobre la arena, le pegó a la aeronave y la volteó. Todos corrieron a salvarla. Pero la aeronave dio varias volteretas, arrastrando al salvavidas John Daniels.

John Daniels estaba golpeado, pero no herido de gravedad. En cambio, la aeronave no había tenido la misma suerte. El motor y las alas tenían daños. Ese año no habría más vuelos para los hermanos Wright.

El próximo año, sin embargo, los hermanos sí volarían. Y volarían también el año siguiente, y por muchos años venideros. Con sus vuelos, Wilbur y Orville habían hecho historia. Enviaron un telegrama a su familia en Dayton. "Éxito Cuatro Vuelos Jueves Mañana", decía el telegrama. "Informar Prensa Casa Navidad".

La historia que se ignoró

La familia Wright hizo lo que los hermanos habían pedido. Informaron a la prensa, pero la prensa no se interesó. Un escritor de la costa se había enterado de la noticia de los Wright. Informó a la

press and found little interest. Only three papers in the country printed the story.

The press made a mistake, and few people knew it. Not even Dayton's newspaper printed the story. The Wrights had made history that day in Kitty Hawk. But it would be five more years before they got the attention they deserved.

A World of Nonbelievers

The Wrights continued flying from 1903 to 1908. Most people did not see the flights, however, and they did not believe what the brothers were saying. After all, many people had claimed to fly before. Most people knew that all of those claims had been false.

Some people had seen the Wrights fly, though. But they did not know how important these flights really were. These people had also heard that a man in France had been flying. But the people did not know that the man in France was flying a balloon with an engine. The Wrights were flying the world's first successful airplane.

"The Boys Are At It Again"

In 1904, the Wrights built a stronger airplane. They named their craft *Flyer II,* because they had flown *Flyer I* at Kitty Hawk. This time, they practiced flying in a cow pasture 8 miles (13 kilometers) from Dayton. There, on Huffman Prairie, they got amazing results.

prensa y encontró muy poco interés. Solamente tres periódicos en el país imprimieron la noticia.

La prensa cometió un error, y poca gente se dio cuenta. Ni siquiera el periódico de Dayton imprimió la noticia. Los Wright habían hecho historia ese día en Kitty Hawk. Pero pasarían cinco años más antes de que ellos tuvieran la atención que merecían.

Un mundo de incrédulos

Los Wright siguieron volando de 1903 a 1908. Sin embargo, la mayoría de la gente no vio los vuelos y no creyeron lo que los hermanos decían. Después de todo, muchas personas ya habían dicho haber volado. La mayoría de la gente sabía que esas afirmaciones habían sido falsas.

Sin embargo, algunas personas habían visto volar a los hermanos. Pero no se dieron cuenta de lo importantes que eran estos vuelos. Estas personas habían también oído que un hombre en Francia había estado volando. Pero no sabían que el hombre en Francia estaba volando un globo con motor. Los Wright estaban pilotando el primer aeroplano operante del mundo.

"Los muchachos están otra vez en lo mismo"

En 1904, los hermanos Wright construyeron un aeroplano más resistente. Lo llamaron *Flyer II,* porque habían volado *Flyer I* en Kitty Hawk. Esta vez, practicaron volar en una pastura a 8 millas (13 kilómetros) de Dayton. Ahí, en Huffman Prairie, obtuvieron resultados sorprendentes.

The early work of the Wright brothers was often dismissed as madness. But it was the beginning of a new age. The passenger airplane is a common sight today. In 1903, it was only a dream.

Al principio, el trabajo de los hermanos Wright fue considerado una locura. Pero marcó el principio de una nueva época. Hoy día el avión de pasajeros es bastante común. En 1903 era solamente un sueño.

Two roads and a railway ran past the prairie. Many people came by and watched the flights. The Wrights were now making much longer flights. They had taught themselves to turn and to circle the practice field.

By summer 1905, the brothers had a new aircraft. In September, *Flyer III* stayed in flight for 12 miles (19 kilometers). Then a few days later, it set a new record. *Flyer III* flew 24 miles (38.5 kilometers) in 38 minutes.

Still, the people who watched the flights did not understand how important they were. No one who watched got very excited. A local farmer who watched stayed very calm when the Wrights were flying. When he saw the plane in the air, he said simply, "Well, the boys are at it again."

Había dos caminos y una vía de tren junto a la pradera. Mucha gente fue a ver los vuelos. Los hermanos Wright estaban realizando vuelos mucho más largos. Habían aprendido a virar y volar en círculos.

Para el verano de 1905, los hermanos tenían una nueva aeronave. En septiembre, *Flyer II* voló 12 millas (19 kilómetros.) Unos días después, estableció un nuevo récord. *Flyer III* voló 24 millas (38,5 kilómetros) en 38 minutos.

Sin embargo, la gente que vio los vuelos no entendió lo importantes que eran. Ninguno se entusiasmó mucho. Un granjero local que los observaba se mantuvo muy tranquilo mientras los Wright volaban. Cuando vio el aeroplano en el aire simplemente dijo, "Pues, los muchachos están otra vez en lo mismo".

Near Right: Wilbur was famous for concentrating hard and fixing things, however small. Here, he fixes a kite that belonged to the son of pilot Frank Coffyn (left).

Far Right: Orville (left) watches a flight in France with English balloonist Griffith Brewer. While visiting with the Wrights in France, Brewer became the first Englishman to fly in an airplane.

Extrema izquierda: Wilbur era conocido por su poder de concentración y por reparar cosas, por pequeñas que fueran. Aquí, repara una cometa del hijo del piloto Frank Coffyn (a la izquierda).

Cerca izquierda: Orville (a la izquierda) observa un vuelo en Francia con el aeronauta inglés Griffith Brewer. Al visitar a los Wright en Francia, Brewer se convirtió en el primer inglés en volar en aeroplano.

Is the Army Interested?

Because no one was interested in the flights, the Wright brothers had time to improve their flying skills. But they also had to earn a living. Wilbur and Orville knew that they had invented something very useful. They thought their aircraft might be useful to business or to the government.

The Wrights told the government about their invention first. They explained that their machine could be used in war and for carrying messages. Would the army be interested, they wondered.

For a long time, the U.S. army was not interested. They did not believe a word of what they heard. But other countries did seem to

¿Está interesado el ejército?

Como nadie estaba interesado en los vuelos, los hermanos Wright tenían tiempo para perfeccionarse como pilotos. Pero también tenían que ganar dinero para vivir. Wilbur y Orville sabían que habían inventado algo muy útil. Pensaban que su aeronave podría ser útil para los negocios o para el gobierno.

Los hermanos Wright hablaron primero con el gobierno acerca de su invento. Explicaron que su máquina podía usarse en la guerra y para llevar mensajes. ¿Estaría interesado el ejército en ella?, preguntaron.

Por mucho tiempo, al ejército estadounidense no le interesó la máquina. No creyeron ni una palabra de lo que habían oído. Pero otros países sí

be interested in what the Wrights said. The governments in Britain and France wanted to know more about this flying machine. So did aviators from France and Germany.

Deals To Be Made

Aviators in France sent someone to Dayton to visit the Wrights. This visitor from France was quite impressed. Soon, the Wrights were making a deal with the French. People in Germany showed an interest in the Wrights' aircraft too.

Meanwhile, the U.S. army was getting interested in flying machines. In 1907, they too wanted to make a deal with the Wrights.

In 1908, deals were close with the United States and France. Wilbur went to France to show the French how the aircraft worked. Orville stayed at home and showed the U.S. government.

Wilbur's visit to France was a big success. People got interested all over Europe. Wilbur had success in Europe into 1909.

Wilbur Conquers France

Wilbur's flights in Europe got lots of attention. People were amazed that he had indeed learned to fly. Wilbur was friendly and impressed almost everyone he met. One person he met was Madame Hart Berg. Madame Berg would later be the first woman to go up in an airplane.

parecían estar interesados. Los gobiernos de Gran Bretaña y de Francia quisieron saber más de esta máquina voladora, igual que algunos aviadores de Francia y de Alemania.

Tratos de negocios

Aviadores en Francia mandaron a alguien a Dayton para que visitara a los hermanos. Este visitante de Francia quedó muy impresionado. Pronto, los hermanos Wright estaban en tratos de negocios con los franceses. Gente en Alemania también demostró un interés en la aeronave de los hermanos.

Entretanto, el ejército estadounidense se estaba interesando en las máquinas voladoras. En 1907 ellos también quisieron hacer un trato con los Wright.

En 1908, faltaba poco para cerrar tratos con los Estados Unidos y con Francia. Wilbur fue a Francia a demostrar a los franceses como funcionaba la aeronave. Orville se quedó para demostrarlo al gobierno de los Estados Unidos.

La visita a Francia de Wilbur fue un éxito. Se interesó gente de toda Europa. Wilbur tuvo éxito en Europa en 1909.

Wilbur conquista a Francia

Los vuelos de Wilbur en Europa llamaron mucho la atención. La gente quedaba maravillada de que él efectivamente hubiera aprendido a volar. Wilbur era simpático e impresionó bien a casi todo los que lo conocieron. Una de estas personas fue Madame Hart Berg, quien más tarde sería la primera mujer en subir a un aeroplano.

Le Petit Parisien
Supplément Littéraire Illustré

LES HOMMES VOLANTS
TERRIBLE CHUTE D'AVIATEURS

Back in the states, Orville was doing well too. He had impressed many people, and had almost made a deal with the army. By now, Orville's flights lasted over an hour. He was rising to heights of 200 feet (61 meters) and more.

Then a terrible thing happened. On September 17, 1908, disaster struck.

Orville's Disaster

Orville had already taken two passengers in the air. Now a third person wanted to go. Lieutenant Thomas Selfridge went with Orville in the aircraft. Lieutenant Selfridge was 26 years old.

The first few minutes of the flight went well. Then Orville could tell that something was wrong with his aircraft. He tried to land, but then he lost control.

Orville fought hard to bring the machine down safely. But the plane crashed headfirst into the ground. Orville had a broken leg, broken ribs, and, he learned later, cracked hips. But Thomas Selfridge died later that day in the hospital.

Al mismo tiempo, a Orville le iba muy bien en los Estados Unidos. Había impresionado a mucha gente, y estaba a punto de cerrar un trato con el ejército. Para entonces, los vuelos de Orville duraban más de una hora. Se estaba elevando a alturas de más de 200 pies (61 metros).

Entonces sucedió algo terrible. El 17 de septiembre de 1908, ocurrió un desastre.

El desastre de Orville

Orville ya había volado con dos pasajeros. Luego, una tercera persona quiso volar. El teniente Thomas Selfridge acompañó a Orville en la aeronave. Selfridge tenía 26 años de edad.

Los primeros minutos del vuelo fueron bien. De repente, Orville supo que algo andaba mal con la aeronave. Trató de aterrizar, pero perdió el control.

Orville luchó para aterrizar la aeronave sin percances. Pero la aeronave se estrelló de punta contra el suelo. Orville se rompió una pierna y algunas costillas, y se enteró después de que se había fracturado la cadera. Pero Thomas Selfridge murió más tarde ese día en el hospital.

The king of Spain wanted to fly in the Wrights' plane, but his advisors considered it too dangerous. By this time, the Wrights and their passengers flew sitting up. But, once they were in the air, there was very little to keep them in the plane. In the picture, Wilbur Wright is showing the king of Spain how the controls work.

El rey de España quiso volar en el aeroplano de los Wright, pero sus consejeros lo consideraron demasiado peligroso. Para entonces, los Wright y sus pasajeros volaban sentados. Pero, una vez que estaban en el aire, no había casi nada que pudiera mantenerlos en el aeroplano. En esta imagen, Wilbur Wright le está demostrando al rey de España cómo funcionan los controles.

While they were in Europe, Wilbur took his sister, Katharine, on two flights. As usual, Wilbur flew in his flat cap and leather jacket. Katharine has tied a string around her skirts to stop them from flapping.

En Europa, Wilbur llevó a su hermana Katharine en dos vuelos. Como siempre, Wilbur voló con gorra de ala corta y chaqueta de cuero. Katharine se había atado un cordón alrededor de su falda para que no se le levantara.

Because of Selfridge's death, Wilbur canceled his flights for a few days. He felt responsible for the horrible crash. Wilbur thought he should have been with Orville to help him. Wilbur felt guilty and sad, but he continued his work.

Happy Days

Orville remained strong and fought to get well. He wanted to get out of the hospital and finish his flights for the army. What had happened was a terrible loss, but he had not lost his courage, nor his desire to fly.

Orville got out of the hospital in November. In early 1909, he and his sister, Katharine, joined Wilbur in France.

By this time, a French company was using Wright planes. Wilbur's main job was training the pilots.

King Alfonso of Spain and King Edward VII of Britain came to see Wilbur's flying machine. So did Lord Northcliffe, who owned a British newspaper. Later that year, Lord Northcliffe held a contest for pilots who would fly across the English Channel.

Por la muerte de Selfridge, Wilbur canceló sus vuelos por algunos días. Se sentía responsable del horrible accidente. Pensó que debía haber estado con Orville para ayudarlo. Se sentía culpable y triste, pero continuó con su trabajo.

Días felices

Orville se mantuvo fuerte y luchó por mejorar. Quería salir del hospital y terminar con sus vuelos para el ejército. Lo que había sucedido fue una terrible pérdida, pero no había perdido su ánimo, ni su deseo de volar.

Orville salió del hospital en noviembre. A principios de 1909, él y su hermana Katharine se reunieron con Wilbur en Francia.

Para entonces, una compañía francesa estaba usando aeroplanos Wright. El principal trabajo de Wilbur era capacitar a los pilotos.

El rey Alfonso de España y el rey Eduardo VII de Gran Bretaña fueron a ver la máquina voladora de Wilbur. También fue Lord Northcliffe, propietario de un periódico británico. Más tarde ese año, Lord Northcliffe organizó un concurso para pilotos que volarían a través del canal de la Mancha.

Louis Bleriot from France won the contest. The French had become quite excited about the Wrights' work. It was the Wrights and their aircraft that encouraged the French, and Louis Bleriot, to make aircraft of their own.

Everyone in Europe was impressed with the Wrights' aircraft. From France, the Wrights moved on to Italy. There, they flew their plane for King Emmanuel. Soon, the Wrights had made deals to sell their planes in Italy. Wilbur started training Italian pilots.

Things started moving very quickly for Wilbur. While he was training pilots in Italy, he heard from the Germans. Their interest in the Wrights had been growing all this time. Now, the Germans also wanted to set up a Wright plane company. The Wright brothers had become famous all over the world.

Dayton Welcomes the Wrights

The Wrights returned to the United States in May 1909. The people of Dayton welcomed the famous family with a celebration that lasted for two days.

The brothers and Katharine rode through the streets in a lantern-lit carriage. Ten thousand people had gathered to greet them. But this was nothing compared to the celebrations the following month. On June 17, the bells and factory whistles in Dayton sounded all at once. Flags flew, bands played, and Wilbur and Orville rode in a parade through

Louis Bleriot de Francia ganó el concurso. Los franceses se habían entusiasmado por el trabajo de los hermanos Wright. Fueron ellos y su aeronave los que alentaron a los franceses, y a Louis Bleriot, a fabricar aeronaves.

Todos en Europa admiraron la aeronave de los hermanos Wright. Estos fueron de Francia a Italia. Ahí, volaron su aeroplano frente el rey Emmanuel. Pronto, los hermanos habían cerrado tratos para la venta de sus aeroplanos en Italia. Wilbur empezó a capacitar pilotos italianos.

Para Wilbur, la vida empezó a acelerarse. Mientras estaba capacitando a pilotos en Italia, tuvo noticias de los alemanes. Su interés en los Wright había crecido. Ahora, también querían establecer una compañía de aeroplanos Wright. Los hermanos Wright se habían hecho muy famosos en todo el mundo.

Dayton da la bienvenida a los hermanos Wright

Los hermanos Wright regresaron a los Estados Unidos en mayo de 1909. La gente de Dayton dio la bienvenida a la famosa familia con una celebración que duró dos días.

Los hermanos y Katharine se pasearon por las calles en un carruaje alumbrado con lámparas. Se habían reunido diez miles personas para darles la bienvenida. Pero esto no fue nada comparado a la celebración del mes siguiente. El 17 de junio, las campanas y silbatos de las fábricas en Dayton sonaron todos al mismo tiempo. Se enarbolaron banderas, tocaron bandas, y Wilbur y Orville

During World War I (1914–1918) aircraft got more advanced. In these pictures, the airplanes look much more like a modern aircraft than the Wrights' machines did.

Durante la Primera Guerra Mundial (1914–1918), las aeronaves se volvieron más avanzadas. Los aeroplanos en estas imágenes se parecen mucho más a las aeronaves modernas que a las máquinas voladoras de los Wright.

a crowd of cheering fans. In the evening, there were fireworks. The next day, there were two more parades. The Wright brothers received medals from Congress, from the state of Ohio, and from their home city. Finally, the people of the United States recognized the importance of what the Wright brothers had done.

What Happened to the Joy?

From the time they returned home, the Wrights had a busy schedule. They went to Washington, D.C., made more flights, and made a deal with the army. Then Orville and Katharine went back to Europe.

On this trip, Orville traveled to Germany. There, he started training the Germans to fly Wright planes. In Germany, Orville met the famous Count von Zeppelin and the royal family. Back in the states, Wilbur flew a plane 21

participaron en un desfile ante una multitud de admiradores que los aclamaban. En la noche hubo fuegos artificiales. Al día siguiente hubo dos desfiles más. Los hermanos Wright recibieron medallas del Congreso, del estado de Ohio y de su ciudad. Por fin, el pueblo de los Estados Unidos reconoció la importancia de lo que habían hecho los hermanos Wright.

¿Qué le pasó al júbilo?

Desde el momento en que regresaron a casa, los Wright estuvieron muy ocupados. Viajaron a Washington, D.C., realizaron más vuelos, y cerraron un trato con el ejército. Luego Orville y Katharine hicieron otro viaje a Europa.

En este viaje, Orville fue a Alemania. Ahí, empezó a capacitar a los pilotos. En Alemania, Orville conoció al famoso conde von Zeppelin y a la familia real. En los Estados Unidos, Wilbur voló un avión 21 millas (34 kilómetros) a lo largo del río

Orville in later life. Here he is dressed as a pilot, in leather and a close-fitting helmet.

Orville de más edad. Aquí se ve vestido de piloto, con chaqueta de cuero y un gorro ajustado.

miles (34 kilometers) along the Hudson River in New York.

Orville and Katharine returned to the United States in November. By the end of the month, the United States had its own Wright Company. Then, the Wrights had an even busier schedule. They trained pilots and tested aircraft. They also built a factory in their hometown of Dayton. The brothers ran the factory, and Wilbur served as president.

The Wrights worked very hard building their new business. They had become wealthy and famous, but they had little time to fly. Wilbur and Orville missed the joy of flying. They missed the time they spent in the air and they missed studying about flight.

In May 1910, Wilbur flew again. He flew by himself over Huffman Prairie. This was Wilbur's last flight. Two years later, he became ill and died. It was May 30, 1912. Wilbur was just 45 years old.

Orville Alone

Life carried on for Orville Wright. He took Wilbur's place as president of the company. Then in

Hudson en Nueva York.

Orville y Katharine regresaron a los Estados Unidos en noviembre. Para fines del mes, hubo una compañía de aeroplanos Wright en los Estados Unidos. Luego, los hermanos Wright estuvieron aún más ocupados. Capacitaron a pilotos y probaron aeronaves. También construyeron una fábrica en su ciudad de Dayton. Los hermanos administraban la fábrica, y Wilbur era el presidente.

Los hermanos Wright trabajaron mucho en su nuevo negocio. Se habían hecho ricos y famosos, pero tenían muy poco tiempo para volar. Wilbur y Orville extrañaban el júbilo de volar. Extrañaban los momentos que habían pasado en el aire y extrañaban sus estudios sobre el vuelo.

En mayo de 1910, Wilbur voló otra vez. Voló a solas sobre Huffman Prairie. Éste fue su último vuelo. Dos años más tarde, se enfermó y murió. Era el 30 de mayo de 1912. Tenía solamente 45 años de edad.

Orville Solo

La vida siguió para Orville Wright. Tomó el lugar de Wilbur como presidente de la compañía. Luego, en

An air show in Italy, 1928. By this time, people with money could fly in airplanes built for passenger travel.

> [The Wright Brothers] had not only made the first wind-tunnel in which [to test] miniature wings, but they were the first men in all the world to [make] tables of figures from which one might design an airplane that could fly.

—Fred C. Kelly, from his biography, *The Wright Brothers*

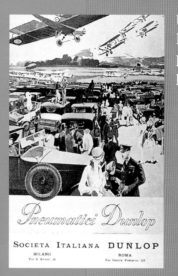

Pneumatici Dunlop
SOCIETA ITALIANA DUNLOP
MILANO   ROMA

Un espectáculo aéreo en Italia, en 1928. Para aquel entonces, gente adinerada podía volar en aeroplanos construidos para transportar pasajeros.

> [Los hermanos Wright] no solamente habían fabricado el primer túnel de viento en el cual [ponían a prueba] alas en miniatura, también fueron los primeros en todo el mundo en [hacer] tablas de cifras de las cuales se podía diseñar un aeroplano que podía volar.

—Fred C. Kelly, en su biografía, *Los hermanos Wright*

1915, he began to study again. He met important people during this time of his life. He met Henry Ford, who made automobiles. He met Charles Lindbergh, the famous pilot. In 1927, Charles Lindbergh was the first person to fly by himself from New York to Paris.

Two years after Wilbur's death, Orville moved with his father and sister. They moved to Hawthorn Hill, a large house outside of Dayton. Orville's father, Bishop Milton Wright, died in 1917, and Katharine married and moved away a few years later. Orville lived at Hawthorn Hill for the rest of his life.

The Wright Brothers' Gift

The Wright brothers changed the world by learning to fly. They gave human beings an important gift. In 1909, Louis Bleriot flew

1915, empezó a estudiar nuevamente. Conoció a personas importantes en este período de su vida. Conoció a Henry Ford, que fabricaba automóviles. Conoció a Charles Lindberg, el famoso piloto. En 1927, Charles Lindberg fue la primera persona en volar a solas de Nueva York a París.

Dos años después de la muerte de Wilbur, Orville se mudó con su familia y hermana. Se mudaron a Hawthorn Hill, una casa grande en las afueras de Dayton. El padre de Orville, el ministro Milton Wright, murió en 1917, y Katharine se casó y se mudó unos años más tarde. Orville vivió en Hawthorn Hill el resto de su vida.

El regalo de los hermanos Wright

Los hermanos Wright cambiaron el mundo al aprender a volar. Dieron a los seres humanos un importante regalo. En 1909, Louis Bleriot voló a

across the English Channel. In 1910, a British pilot began to deliver letters by air.

Also in 1910, a store in Ohio used a Wright plane to deliver a roll of silk by air. The plane traveled at a speed of over a mile (1.6 kilometers) a minute. Some cars could go faster, but they had to go where the roads took them. The fastest trains took about 20 hours to travel 1,000 miles (1,609 kilometers).

Airplanes allowed companies to make fast deliveries. Airplanes changed people's ideas

través del canal de la Mancha. En 1910, un piloto británico comenzó a llevar el correo.

También en 1910, una tienda en Ohio usó un aeroplano Wright para entregar un rollo de seda. El avión viajó a una velocidad de más de una milla (1,6 kilómetros) por minuto. Algunos automóviles podían ir más rápido, pero tenían que ir donde los llevaran los caminos. Los trenes más rápidos tardaban cerca de 20 horas en viajar 1.000 millas (1.609 kilómetros).

Los aeroplanos permitieron a las compañías hacer entregas más rápidas. Los aeroplanos cam-

Huge passenger jets at Dusseldorf Airport in Germany. This scene seems a world away from Kitty Hawk and the Kill Devil Hills.

Enormes aviones a reacción de pasajeros en el aeropuerto de Dusseldorf en Alemania. Esta escena parece un mundo aparte del de Kitty Hawk y Kill Devil Hills.

The Wright Brothers paved the way for space flight. Here is a picture of the Space Shuttle.

Los hermanos Wright prepararon el camino para los vuelos al espacio. Ésta es una foto del Trasbordador Espacial.

about time and distance. After humans learned to fly, it felt as if the world were starting to shrink. Planes made long-distance travel easier than ever before.

The governments in Europe were quick to see how planes could be used in war. When World War I broke out in 1914, the Europeans had already built planes that could fly 90 miles (144 kilometers) an hour. By the end of the war, they flew even faster than that.

In 1919, John Alcock and Arthur Whitten Brown flew across the Atlantic. They used an old warplane and flew nearly 1,900 miles (3,058 kilometers). The plane took less than 16 hours to travel this distance. Less than 100 years earlier, a ship took 23 days to cross the Atlantic, and in the 1930s, it still took the fastest ships four days.

biaron en la gente las ideas de tiempo y distancia. Después de que los seres humanos aprendieron a volar, pareció que el mundo se empezaba a achicar. Los aeroplanos hicieron que viajar grandes distancias fuera más fácil que nunca.

Los gobiernos en Europa pronto se dieron cuenta de cómo podían usarse los aeroplanos en guerras. Cuando estalló la Primera Guerra Mundial en 1914, los europeos ya habían fabricado aeroplanos que podían volar a 90 millas (144 kilómetros) por hora. Para el final de la guerra, volaban aún más rápido.

En 1919, John Alcock y Arthur Whitten Brown volaron a través del Atlántico. Usaron un avión de guerra viejo y volaron casi 1.900 millas (3.058 kilómetros.) El avión tardó menos de 16 horas para viajar esta distancia. Menos de 100 años atrás, un barco tardaba 23 días para cruzar el

After the war, people made warplanes into planes used for travel. In the 1920s and 30s, people who had money could travel by air. Then in 1939, World War II began. By this time, radar, jet engines, and helicopters had been invented. These inventions had made flying much more advanced.

Orville Is Gone

Orville Wright died on January 30, 1948. He was 76 years old. He had lived to see airplanes used for many different purposes. Planes had carried government leaders around the world to do business. Planes had carried letters and tourists and medical supplies.

In 1903, the Wrights made history. They changed the world when they launched *Flyer I* that December day at Kitty Hawk. The Wrights gave humans the gift of flight. And flight brought the people of all nations closer together.

Atlántico, y en la década de 1930 los barcos más rapidos aún tardaban cuatro días.

Después de la guerra, los aviones de guerra fueron convertidos en aviones de pasajeros. En las décadas de 1920 y 1930, la gente adinerada podía viajar por aire. Más tarde, en 1939, estalló la Segunda Guerra Mundial. Para entonces, se habían inventado radares, motores a reacción y helicópteros. Estos inventos adelantaron la aeronáutica.

Orville se ha ido

Orville Wright murió el 30 de enero de 1948. Tenía 76 años de edad. Había llegado a ver los muchos y diferentes usos de los aeroplanos. Los aviones habían transportado a líderes de gobierno por todo el mundo, cartas, turistas y suministros médicos.

En 1903, los hermanos Wright hicieron historia. Cambiaron al mundo cuando lanzaron el *Flyer I* ese día de diciembre en Kitty Hawk. Los hermanos Wright dieron a los seres humanos el regalo de volar. Y el volar acercó a la gente de todas las naciones.

IMPORTANT DATES

1783 The first manned flight in a hot-air balloon. The balloon was developed by the Montgolfier brothers of France.

1804 British inventor Sir George Cayley builds the first glider. The glider was the world's first heavier-than-air flying machine.

1840s In Britain, William Henson invents a flying machine that is powered by steam.

1848 John Stringfellow's model airplane is flown successfully, indoors and out.

1867 Wilbur Wright is born near Millville, Indiana.

1871 Orville Wright is born in Dayton, Ohio.

1892 Wilbur and Orville set up their Wright Cycle Company in Dayton, Ohio.

1896 The German flight pioneer Otto Lilienthal dies in a glider crash.

1899 The Wrights make successful experiments with wing-warping and a kite.

1900 The Wrights try their glider at Kitty Hawk, North Carolina.

1901 **July-August:** The Wrights try their glider again, this time at Kill Devil Hills. Kill Devil Hills is four miles south of Kitty Hawk. The Wrights have problems and nearly give up flying.

September: In Chicago, Wilbur Wright speaks to engineers about flight. In Dayton, Orville starts experiments in wind tunnels.

1902 The Wrights have success with their glider at Kill Devil Hills. They had solved their problems by doing wind tunnel experiments.

FECHAS IMPORTANTES

1783 El primer vuelo tripulado en un globo de aire caliente. El globo fue desarrollado por los hermanos Montgolfier de Francia.

1804 El inventor británico Sir George Cayley construye el primer planeador. El planeador fue la primera máquina voladora del mundo más pesada que el aire.

1840 En Gran Bretaña, William Henson inventa una máquina voladora impulsada por vapor.

1848 El modelo de aeroplano de John Stringfellow vuela con éxito, en interiores y al aire libre.

1867 Wilbur Wright nace cerca de Millville, Indiana.

1871 Orville Wright nace en Dayton, Ohio.

1892 Wilbur y Orville establecen la Compañía de Bicicletas Wright en Dayton, Ohio.

1896 El pionero alemán de la aeronáutica, Otto Lilienthal, muere en un accidente en planeador.

1899 Los hermanos Wright realizan experimentos satisfactorios con alas curvas y una cometa.

1900 Los hermanos Wright ponen a prueba su planeador en Kitty Hawk, Carolina del Norte.

1901 **Julio-Agosto:** Los hermanos prueban otra vez su planeador, en las Kill Devil Hills. Las Kill Devil Hills está a cuatro millas al sur de Kitty Hawk. Los hermanos tienen problemas y por poco abandonan sus sueños de volar.

Septiembre: En Chicago Wilbur Wright habla con ingenieros acerca del vuelo. En Dayton, Orville emprende sus experimentos en túneles de viento.

1902 Los hermanos Wright tienen éxito con su planeador en las Kill Devil Hills. Habían resuelto sus problemas al realizar experimentos en túneles de viento.

1903 **September-November:** The Wrights put together their new flying machine at Kill Devil Hills.

December 17: At Kill Devil Hills, the Wright brothers fly the first successful airplane.

1904–5 The Wrights use improved machines and continue to practice flying at Huffman Prairie in Dayton, Ohio.

1905–7 Interest in the Wrights' invention grows, both in Europe and the United States.

1908 **August:** Wilbur demonstrates his aircraft in France.

September 17: Orville is injured while demonstrating his aircraft for the U.S. Army. Orville's passenger, Thomas Selfridge, is killed. This was the first death from an airplane crash.

1909 **July:** French aviator Louis Bleriot flies the English Channel. It takes him 43 minutes to fly 31 miles.

November: In the United States the Wright Company is set up to build airplanes. The company is an instant success.

1912 Wilbur Wright dies after a sudden illness. He is 45 years old.

1914–18 During World War I, airplanes get much more advanced.

1919 John Alcock and Arthur Whitten Brown become the first people to fly across the Atlantic Ocean. They used an old warplane and flew 1,890 miles (3,041 kilometers). The plane crosses the ocean in 15 hours, 57 minutes.

1939 World War II breaks out. Again, airplanes get more advanced.

1945 World War II ends.

1948 Orville Wright dies at age 76.

1903 **Septiembre-Noviembre:** Los hermanos Wright arman su nueva máquina voladora en Kill Devil Hills.

17 de deciembre: En las Kill Devil Hills, los hermanos Wright vuelan el primer aeroplano operante.

1904–5 Los hermanos Wright usan máquinas mejoradas y siguen practicando sus vuelos en Huffman Prairie, en Dayton, Ohio.

1905–7 El interés en los inventos de los hermanos Wright crece, en Europa y los Estados Unidos.

1908 **Agosto:** Wilbur demuestra su aeronave en Francia.

17 de septiembre: Orville se lastima al demostrar su aeronave al ejército estadounidense. El pasajero de Orville, Thomas Selfridge, muere. Ésta fue la primera muerte en un accidente de aviación.

1909 **Julio:** El aviador francés Louis Bleriot vuela a través del canal de la Mancha. Toma 43 minutos para volar 31 millas.

Noviembre: En los Estados Unidos, se establece la Compañía Wright para fabricar aeroplanos. La compañía es un éxito instantáneo.

1912 Wilbur Wright muere después de una enfermedad repentina. Tiene 45 años de edad.

1914–18 Durante la Primera Guerra Mundial, los aeroplanos se vuelven más avanzados.

1919 John Alcock y Arthur Whitten Brown se convierten en los primeros en volar a través del océano Atlántico. Usan un avión de guerra viejo y vuelan 1.890 millas (3.041 kilómetros.) El avión cruza el océano en 15 horas, 57 minutos.

1939 Estalla la Segunda Guerra Mundial. Nuevamente, los aviones se vuelven más avanzados.

1945 Fin de la Segunda Guerra Mundial.

1948 Orville Wright muere a la edad de 76 años.

GLOSSARY

Airfoil: The shape in which an aircraft wing is built.

Chinese Flying Top: A spinning top that has an airscrew or propeller. When the top is spun quickly, the propeller carries the top into the air. The Chinese flying top works much like a modern helicopter.

Drag: A force that pulls an aircraft back as the aircraft tries to move forward. It is caused by friction between the air and a moving aircraft wing. Drag always affects a moving, heavier-than-air machine.

Flaps: Movable sections of a modern airplane wing. Flaps help control the forces of lift and drag.

Free flight: Occurs when a heavier-than-air machine flies upward by its own power. To be in free flight, the machine must fly farther upward than it could glide by itself.

Glider: A heavier-than-air flying machine that does not have a power supply.

Heavier-than-air flight: Flight in aircraft, such as airplanes, gliders, or helicopters.

Lift: The force that sucks an aircraft wing upward.

Lighter-than-air flight: Flight in hot-air balloons or balloons filled with some other gas, such as helium.

Propeller: A circle of airfoils attached to a center rod.

Stall: For an aircraft to fly, it has to be moving fast enough through the air. If it slows down too much, it will stall, or come to a halt, and stop flying.

Wing-warping: The system invented by the Wright brothers to control the lift of their aircraft wings. Wing-warping works by changing the shape of the aircraft's wings.

GLOSARIO

Alerones: Secciones movibles del ala de un avión moderno. Los alerones ayudan a controlar la fuerza de sustentación y la de resistencia.

Hélice: Un círculo de planos aerodinámicos sujetados a una barra central.

Perder velocidad: Para que una aeronave vuele, ésta tiene que moverse lo suficientemente rápido en el aire. Si la velocidad disminuye demasiado, la aeronave se detiene y deja de volar.

Planeador: Una máquina voladora más pesada que el aire que no tiene fuente de potencia.

Plano aerodinámico: La forma en la que el ala de una aeronave está construida.

Resistencia: La fuerza que empuja a una aeronave hacia atrás al tiempo que ésta trata de moverse hacia adelante. Se debe a la fricción entre el aire y el ala de una aeronave en movimiento. La resistencia siempre afecta una máquina en movimiento más pesada que el aire.

Sustentación: La fuerza que succiona hacia arriba el ala de una aeronave.

Técnica de torcer las alas: El sistema inventado por los hermanos Wright para controlar la sustentación de las alas de su aeronave. Esta técnica funciona al cambiar la forma de las alas de la aeronave.

Trompo chino: Un trompo que tiene una hélice. Cuando el trompo gira rápidamente, la hélice lo levanta en el aire. El trompo chino funciona de manera parecida a un helicóptero moderno.

Vuelo libre: Ocurre cuando una máquina más pesada que el aire vuela autopropulsada. Para estar en vuelo libre, la máquina debe volar recorriendo más distancia hacia arriba de lo que podría planear por sí sola.

Vuelo más ligero que al aire: Vuelo en globo de aire caliente, o globo lleno de algún otro gas, como el helio.

Vuelo más pesado que el aire: Vuelo en una aeronave, tales como aeroplanos, planeadores o helicópteros.

INDEX

ÍNDICE